2023 年度
中国对外直接投资统计公报

2023 Statistical Bulletin of
China's Outward Foreign Direct Investment

中华人民共和国商务部

Ministry of Commerce of the People's Republic of China

国家统计局

National Bureau of Statistics

国家外汇管理局

State Administration of Foreign Exchange

中国商务出版社

· 北京 ·

图书在版编目（CIP）数据

2023年度中国对外直接投资统计公报：汉英对照／中华人民共和国商务部，国家统计局，国家外汇管理局编. 北京：中国商务出版社，2024. 9. -- ISBN 978-7-5103-5332-1

Ⅰ. F832. 6

中国国家版本馆 CIP 数据核字第 2024Y8Z581 号

2023 年度中国对外直接投资统计公报

中华人民共和国商务部　国家统计局　国家外汇管理局　编

出版发行：中国商务出版社有限公司

地　　址：北京市东城区安定门外大街东后巷 28 号　　邮　　编：100710

网　　址：http://www.cctpress.com

联系电话：010—64515150（发行部）　　　010—64212247（总编室）
　　　　　010—64269744（商务事业部）　010—64248236（印制部）

责任编辑：周水琴

排　　版：北京天逸合文化有限公司

印　　刷：廊坊市蓝海德彩印有限公司

开　　本：880 毫米×1230 毫米　1/16

印　　张：10　　　　　　　　　　字　　数：229 千字

版　　次：2024 年 9 月第 1 版　　　　印　　次：2024 年 9 月第 1 次印刷

书　　号：ISBN 978-7-5103-5332-1

定　　价：180.00 元

目　录

2023 年度中国对外直接投资统计公报

附录　对外直接投资统计制度

CONTENTS

2023 Statistical Bulletin of China's Outward Foreign Direct Investment

2023年度

中国对外直接投资统计公报

中华人民共和国商务部
国 家 统 计 局
国 家 外 汇 管 理 局

英文翻译:
南开大学　葛顺奇　赵灏鑫

2023 年度
中国对外直接投资统计公报

中华人民共和国商务部

国家统计局

国家外汇管理局

　　2023 年是全面贯彻党的二十大精神的开局之年，有关地区和部门坚持以习近平新时代中国特色社会主义思想为指导，深入贯彻落实党中央、国务院决策部署，坚持稳中求进工作总基调，完整、准确、全面贯彻新发展理念，加快构建新发展格局，不断推动对外投资创新发展，推动产业链供应链国际合作，推进共建"一带一路"高质量发展。受地缘政治紧张、全球贸易投资增长乏力、金融市场持续波动等因素影响，世界经济呈现复苏放缓态势，2023 年全球外国直接投资下降 2％，跨境并购规模创近十年新低。中国对外直接投资 1772.9 亿美元，较上年逆势增长 8.7％。

一、中国对外直接投资综述

　　2023 年，中国对外直接投资净额（以下简称流量）为 1772.9 亿美元，比上年增长 8.7％（见表 1）。其中：新增股权投资 726.2 亿美元，占 41％；当期收益再投资 784.6 亿美元，占 44.2％；债务工具投资 262.1 亿美元，占 14.8％。

截至 2023 年底，中国 3.1 万家境内投资者在国（境）外共设立对外直接投资企业①（以下简称境外企业）4.8 万家，分布在全球 189 个国家（地区）②，年末境外企业资产总额近 9 万亿美元。对外直接投资累计净额（以下简称存量）29554 亿美元，其中：股权投资 16399.7 亿美元，占 55.5%；收益再投资 9612.1 亿美元，占 32.5%；债务工具投资 3542.2 亿美元，占 12%。

表 1   2023 年中国对外直接投资流量、存量分类构成情况

分类	流量			存量	
	金额/亿美元	比上年增长/%	比重/%	金额/亿美元	比重/%
合　计	**1 772.9**	**8.7**	**100.0**	**29 554.0**	**100.0**
金融类	182.2	-17.6	10.3	3 238.2	11.0
非金融类	1 590.7	12.8	89.7	26 315.8	89.0

注：1. 金融类指境内投资者直接投向境外金融企业的投资；非金融类指境内投资者直接投向境外非金融企业的投资。

2. 2023 年非金融流量数据与商务部 2023 年快报数据（1301.3 亿美元）差异主要为收益再投资部分。

联合国贸发会议（UNCTAD）《2024 世界投资报告》显示，2023 年全球对外直接投资流量 1.55 万亿美元，年末存量 44.38 万亿美元。以此为基数计算，2023 年中国对外直接投资分别占全球当年流量、存量的 11.4% 和 6.7%，均列全球国家（地区）排名的第三位（见图 1、图 2）。

单位：亿美元

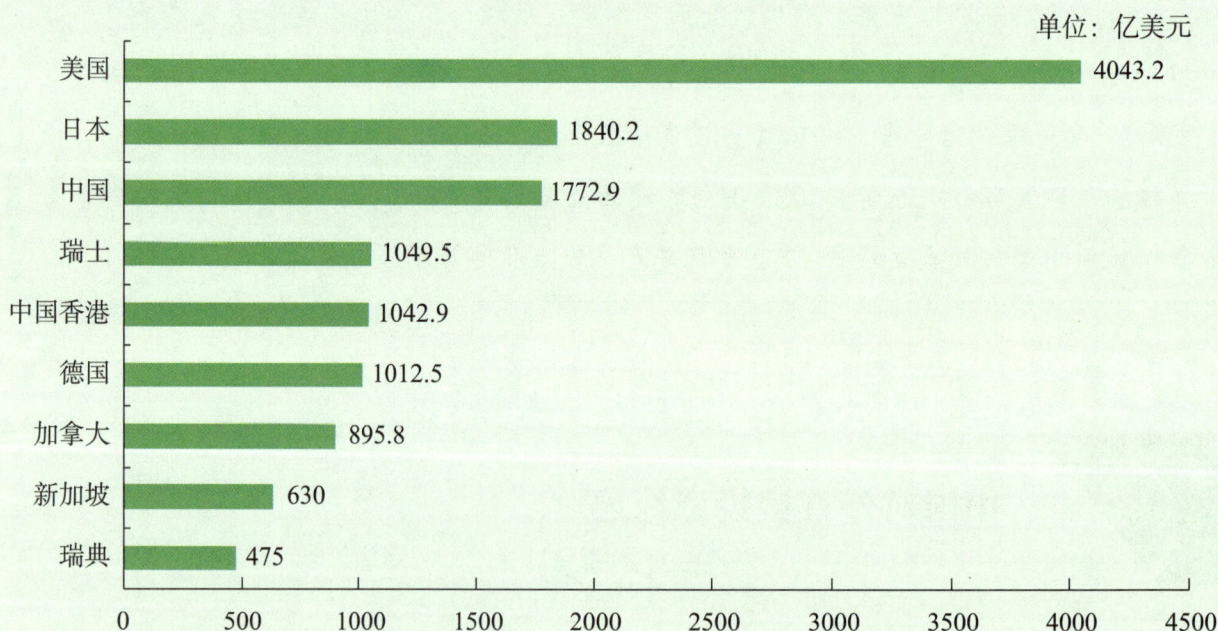

图 1   2023 年中国与全球主要国家（地区）流量对比

① 对外直接投资企业：指境内投资者直接拥有或控制 10% 或以上股权、投票权或其他等价利益的境外企业。

② 对外直接投资的国家（地区）按境内投资者投资的首个目的地国家（地区）进行统计。

单位：亿美元

国家/地区	数值
美国	94340
荷兰	33863
中国	29554
加拿大	27469
德国	21792
日本	21326
英国	21242
中国香港	20285
新加坡	17923
卢森堡	16791
法国	16357
瑞士	14730

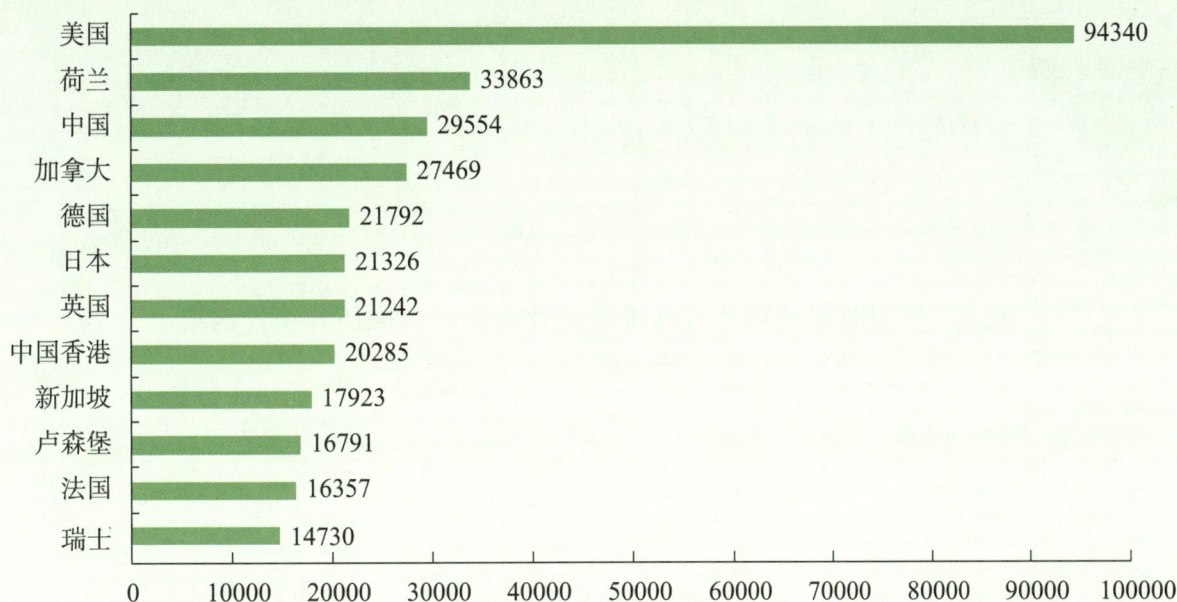

图 2　2023 年中国与全球主要国家（地区）存量对比

数据来源：2023 年中国对外直接投资数据来源于《中国对外直接投资统计公报》，其他国家（地区）数据来源于联合国贸发会议《2024 世界投资报告》。

2023 年，中国对外金融类直接投资流量 182.2 亿美元，比上年下降 17.6％。其中，对外货币金融服务类（原银行业）直接投资 78.5 亿美元，占 43.1％。

2023 年末，中国对外金融类直接投资存量 3238.2 亿美元。其中，对外货币金融服务类直接投资 1551 亿美元，占 47.9％；保险业 87.4 亿美元，占 2.7％；资本市场服务（原证券业）214 亿美元，占 6.6％；其他金融业 1385.8 亿美元，占 42.8％。

2023 年末，中国国有商业银行③共在美国、日本、英国等 51 个国家（地区）开设 101 家分行、69 家附属机构，员工总数达 5.2 万人，其中雇佣外方员工 4.8 万人，占 92.3％。2023 年末，中国共在境外设立保险机构 22 家。

2023 年，中国对外非金融类直接投资流量 1590.7 亿美元，比上年增长 12.8％；对外投资带动出口 1868 亿美元，增长 7.2％，占同期中国货物出口总值的 5.5％；对外投资带动进口 863 亿美元，增长 4.8％，占同期中国货物进口总值的 3.4％；境外企业实现销售收入 34925 亿美元，增长 0.5％。2023 年末，中国对外非金融类直接投资存量 26315.8 亿美元，境外企业资产总额 5.9 万亿美元。

2023 年，境外企业向投资所在国家（地区）缴纳各种税金总额 753 亿美元，比上年增长 0.3％；年末境外企业从业员工总数 428.9 万人，其中雇佣外方员工 257 万人，增加 7.7 万人，占 59.9％。

---

③ 中国国有商业银行包括中国银行、中国农业银行、中国工商银行、中国建设银行、交通银行和中国邮政储蓄银行。

二、中国对外直接投资流量、存量

表 2　中国颁布《对外直接投资统计制度》以来历年统计结果

年份	流量			存量	
	金额/亿美元	全球位次	比上年增长/%	金额/亿美元	全球位次
2002	27.0	26	—	299.0	25
2003	28.5	21	5.6	332.0	25
2004	55.0	20	93.0	448.0	27
2005	122.6	17	122.9	572.0	24
2006	211.6	13	43.8	906.3	23
2007	265.1	17	25.3	1 179.1	22
2008	559.1	12	110.9	1 839.7	18
2009	565.3	5	1.1	2 457.5	16
2010	688.1	5	21.7	3 172.1	17
2011	746.5	6	8.5	4 247.8	13
2012	878.0	3	17.6	5 319.4	13
2013	1 078.4	3	22.8	6 604.8	11
2014	1 231.2	3	14.2	8 826.4	8
2015	1 456.7	2	18.3	10 978.6	8
2016	1 961.5	2	34.7	13 573.9	6
2017	1 582.9	3	−19.3	18 090.4	2
2018	1 430.4	2	−9.6	19 822.7	3
2019	1 369.1	2	−4.3	21 988.8	3
2020	1 537.1	1	12.3	25 806.6	3
2021	1 788.2	2	16.3	27 851.5	3
2022	1 631.2	2	−8.8	27 548.1	3
2023	1 772.9	3	8.7	29 554.0	3

注：1. 2002—2005 年数据为中国对外非金融类直接投资数据，2006—2023 年为全行业对外直接投资数据。

　　2. 2006 年同比为对外非金融类直接投资比值。

（一）2023 年中国对外直接投资流量

1. 流量位列全球第三，占比提升 0.5 个百分点。

联合国贸发会议《2024 世界投资报告》显示，2023 年全球对外直接投资流量 1.55 万亿美元，比上年下降 2％，其中发达经济体④对外直接投资 1.06 万亿美元，增长 3.5％，占全球流量的 68.3％；发展中经济体对外直接投资 4913 亿美元，下降 10.9％，占全球流量的 31.7％。

2023 年，中国对外直接投资流量 1772.9 亿美元，比上年增长 8.7％，为历史第三高值，占全球份额的 11.4％，较上年提升 0.5 个百分点（见图 3）。

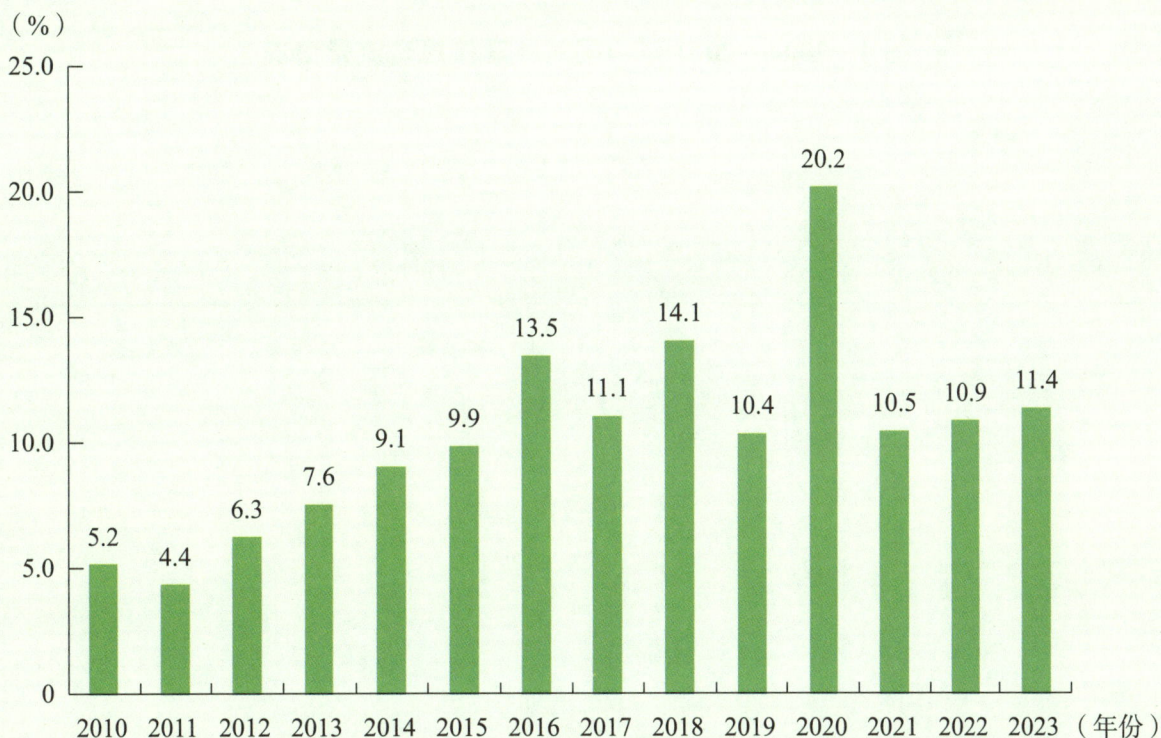

图 3　2010—2023 年中国对外直接投资流量占全球份额情况

自年度对外直接投资统计数据发布以来，中国已连续 12 年位列全球对外直接投资流量前三，对外投资大国地位日益稳固。2023 年流量是 2002 年的 65.7 倍，年均增速达 22.1％。党的十八大以来，中国累计对外直接投资达 1.68 万亿美元，相当于 2023 年末存量规模的 57％，连续 8 年占全球份额超过一成，在投资所在国家（地区）累计缴纳各种税金 5185 亿美元，年均解决超过 200 万个就业岗位，中国投资对世界经济的贡献日益凸显（见图 4、图 5）。

---

④　根据联合国贸发会议标准，发达经济体包括欧盟、欧洲其他国家、加拿大、美国、澳大利亚、百慕大群岛、以色列、日本、韩国、新西兰。

单位：亿美元

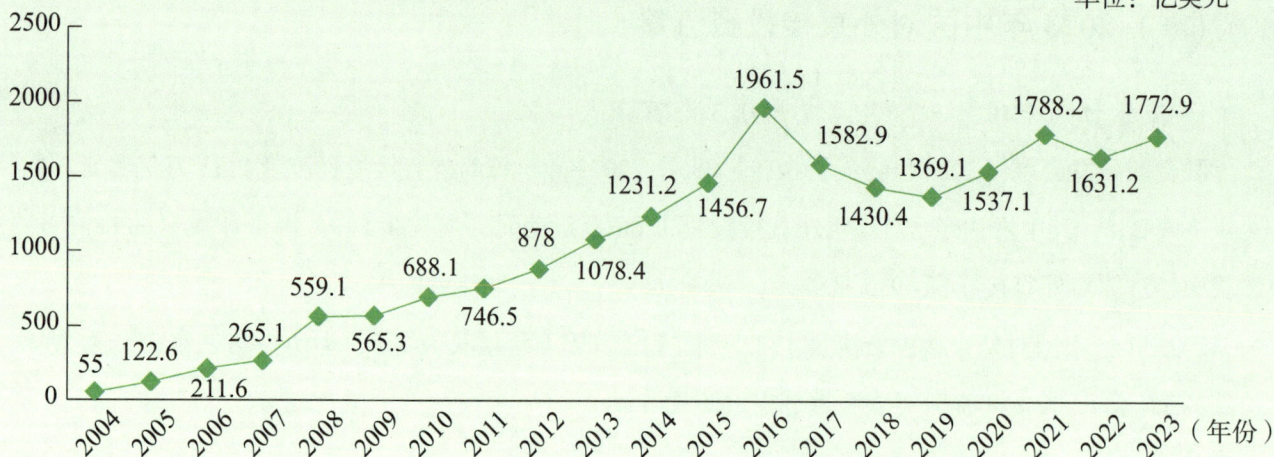

图 4　2004—2023 年中国对外直接投资流量情况

数据来源：历年《中国对外直接投资统计公报》。

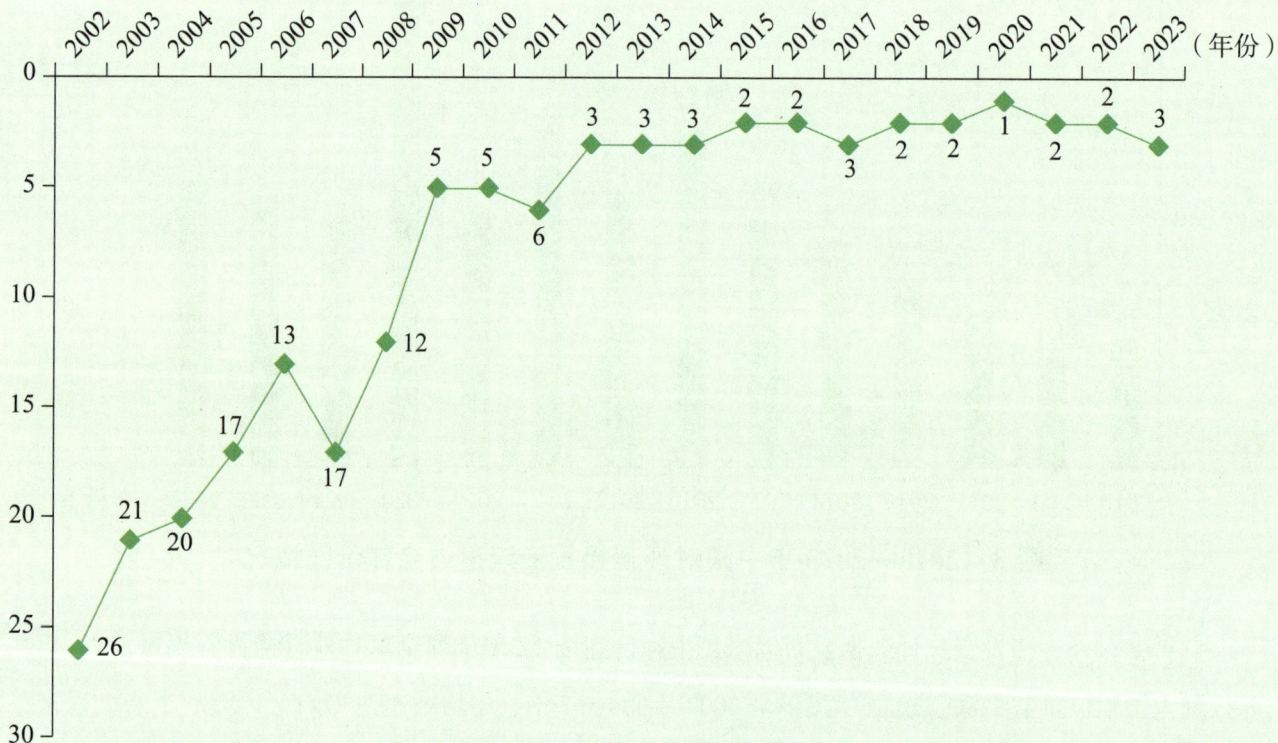

图 5　　2002—2023 年中国对外直接投资流量在全球的位次

数据来源：历年《中国对外直接投资统计公报》。

2. 对外投资并购规模小幅增长，但仍为历史较低水平。

2023 年，世界经济复苏乏力，地缘政治冲突加剧，保护主义、单边主义上升。受多重因素影响，全球跨国并购交易下降 15％，交易规模降至 10 年来最低点。2023 年，中国企业共在 53 个国家（地区）实施并购项目 383 起，对外投资并购交易总额 205.7 亿美元，较上年增长 2.5％，但规模仍为 2010 年以来第二低位（见表 3）。从并购资金来源看，中国企业境内出资 167.8 亿美元，占并购总额的 81.6％；境外融资 37.9 亿美元，占并购总额的 18.4％。

表 3　2004—2023 年中国对外直接投资并购情况

年份	并购金额/亿美元	同比/%	比重/%
2004	30.0	—	54.4
2005	65.0	116.7	53.0
2006	82.5	26.9	39.0
2007	63.0	−23.6	23.8
2008	302.0	379.4	54.0
2009	192.0	−36.4	34.0
2010	297.0	54.7	43.2
2011	272.0	−8.4	36.4
2012	434.0	59.6	31.4
2013	529.0	21.9	31.3
2014	569.0	7.6	26.4
2015	544.4	−4.3	25.6
2016	1 353.3	148.6	44.1
2017	1 196.2	−11.6	21.1
2018	742.3	−37.9	21.7
2019	342.8	−53.8	12.6
2020	282.0	−17.7	10.7
2021	318.3	12.9	11.4
2022	200.6	−37.0	9.3
2023	205.7	2.5	9.5

注：2012—2023 年并购金额包括境外融资部分，比重为并购金额中直接投资占当年流量的比重。

2023 年，中国企业对外投资并购涉及制造业、租赁和商务服务业、信息传输/软件和信息技术服务业等 17 个行业门类。从并购金额上看，制造业 77.2 亿美元，位居首位，涉及 127 个项目；租赁和商务服务业 33.7 亿美元，位居次席，涉及 29 个项目；信息传输/软件和信息技术服务业 23.7 亿美元，居第三位，涉及 38 个项目（见表 4）。

表4　2023 年中国对外投资并购行业构成

行业类别	项目数量/个	金额/亿美元	金额占比/%
制造业	127	77.2	37.5
租赁和商务服务业	29	33.7	16.4
信息传输、软件和信息技术服务业	38	23.7	11.5
采矿业	29	16.5	8.0
科学研究和技术服务业	45	13.2	6.4
电力、热力、燃气及水的生产和供应业	15	12.7	6.2
批发和零售业	43	7.9	3.9
房地产业	4	6.0	2.9
农、林、牧、渔业	5	5.9	2.9
交通运输、仓储和邮政业	25	2.7	1.3
住宿和餐饮业	7	2.1	1.0
教育	2	1.1	0.5
建筑业	4	1.1	0.5
金融业	3	1.0	0.5
其他	7	0.9	0.5
总计	383	205.7	100.0

2023 年，中国企业对外投资并购分布在全球 53 个国家（地区），从并购金额看，新加坡、开曼群岛、中国香港、印度尼西亚、波兰、美国、韩国、英国、德国、老挝位列前十（见图6）。

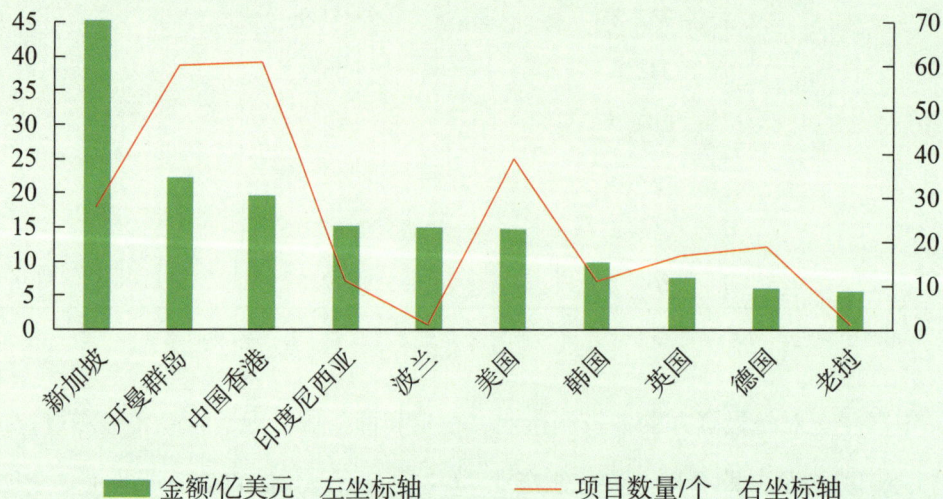

图 6　2023 年中国企业对外投资并购十大目的地（按并购金额）

2023 年，中国企业对共建"一带一路"国家实施并购项目 111 个，并购金额 121.3 亿美元，占并购总额的 59%。其中，新加坡、印度尼西亚、波兰、韩国和老挝等国吸引中国企业投资并购规模均超 5 亿美元。

3. 收益再投资占比超四成，股权投资较上年增长 18.8%。

从中国对外直接投资流量构成看，2023 年境外企业的经营情况良好，近七成企业盈利或持平，当年收益再投资（即新增留存收益）784.6 亿美元，比上年下降 2.4%，为历史第三高值，占同期中国对外直接投资流量的 44.2%。

股权投资创 2016 年以来新高，2023 年新增股权 726.2 亿美元，增长 18.8%，占流量总额的 41%，较上年上升 3.5 个百分点；债务工具投资（仅涉及对外非金融类企业）为 262.1 亿美元，增长 21.3%，占流量总额的 14.8%（见表 5、图 7）。

表 5　2006—2023 年中国对外直接投资流量构成

年份	流量/亿美元	新增股权		当期收益再投资		债务工具投资	
		金额/亿美元	比重/%	金额/亿美元	比重/%	金额/亿美元	比重/%
2006	211.6	51.7	24.4	66.5	31.4	93.4	44.2
2007	265.1	86.9	32.8	97.9	36.9	80.3	30.3
2008	559.1	283.6	50.7	98.9	17.7	176.6	31.6
2009	565.3	172.5	30.5	161.3	28.5	231.5	41.0
2010	688.1	206.4	30.0	240.1	34.9	241.6	35.1
2011	746.5	313.8	42.0	244.6	32.8	188.1	25.2
2012	878.0	311.4	35.5	224.7	25.6	341.9	38.9
2013	1 078.4	307.3	28.5	383.2	35.5	387.9	36.0
2014	1 231.2	557.3	45.3	444.0	36.1	229.9	18.6
2015	1 456.7	967.1	66.4	379.1	26.0	110.5	7.6
2016	1 961.5	1 141.3	58.2	306.6	15.6	513.6	26.2
2017	1 582.9	679.9	42.9	696.4	44.0	206.6	13.1
2018	1 430.4	704.0	49.2	425.3	29.7	301.1	21.1
2019	1 369.2	483.5	35.3	606.3	44.3	279.4	20.4
2020	1 537.1	630.3	41.0	716.4	46.6	190.4	12.4
2021	1 788.2	531.5	29.7	993.0	55.5	263.7	14.8
2022	1 631.2	611.3	37.5	803.8	49.3	216.1	13.2
2023	1 772.9	726.2	41.0	784.6	44.2	262.1	14.8

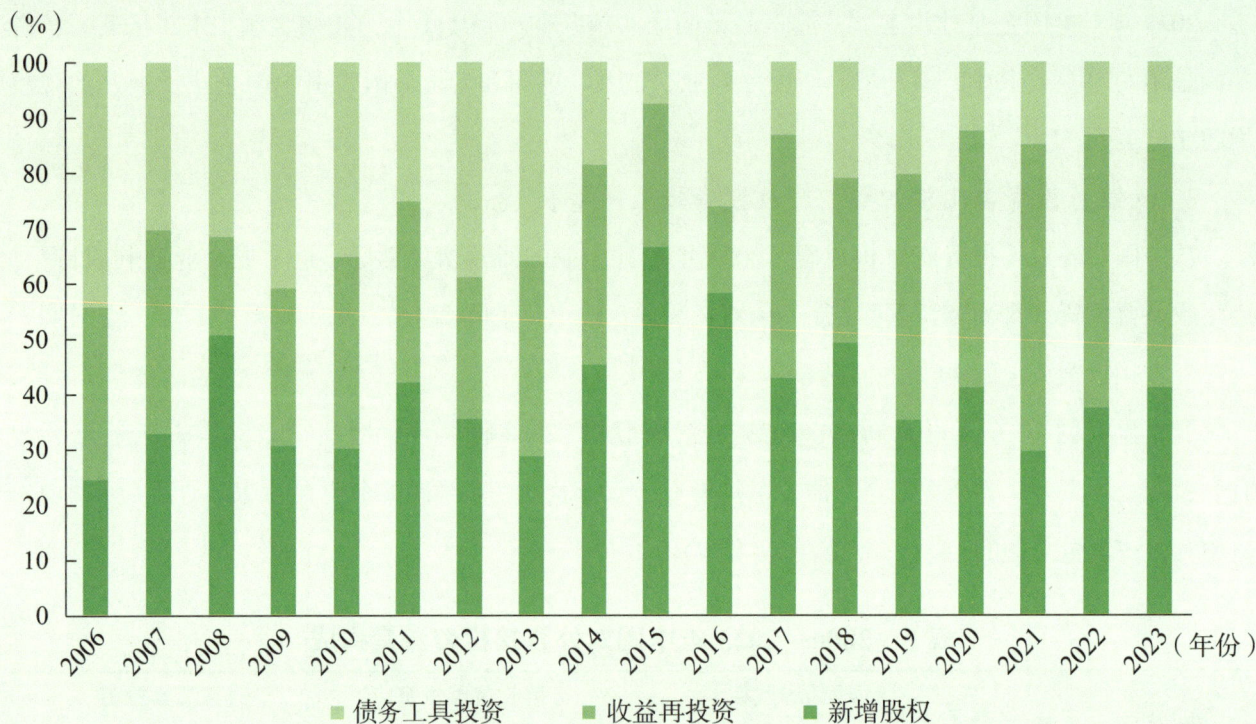

图 7　2006—2023 年中国对外直接投资构成情况

4. 投资领域持续多元，近八成流向商务服务、批发零售、制造、金融领域。

2023 年，中国对外直接投资涵盖了国民经济的 18 个行业门类，其中流向租赁和商务服务、批发和零售、制造、金融领域投资均超过百亿美元（见表 6）。

流向**租赁和商务服务业**的投资 541.7 亿美元，位列行业门类之首，比上年增长 24.6%，占当年流量总额的 30.6%。投资主要分布在中国香港、开曼群岛、英属维尔京群岛、新加坡等国家（地区）。

批发和零售业 388.2 亿美元，比上年增长 83.4%，占当年流量总额的 21.9%。其中，当年新增收益再投资 187.3 亿美元，占对该领域投资流量的 48.2%，增长 125.1%。主要流向中国香港、新加坡、荷兰、美国、中国澳门、阿拉伯联合酋长国、瑞典、泰国等国家（地区）。

制造业 273.4 亿美元，比上年增长 0.7%，占当年流量总额的 15.4%。主要流向汽车制造、其他制造、计算机/通信和其他电子设备制造、通用设备制造、有色金属冶炼和压延加工、非金属矿物制品、橡胶和塑料制品、医药制造、电气机械和器材制造、化学原料和化学制品、金属制品、专用设备制造等。

金融业 182.2 亿美元，比上年下降 17.6%，占当年流量总额的 10.3%。2023 年，中国金融业境内投资者对境外金融类企业的直接投资 174.2 亿美元，中国非金融业境内投资者投向境外金融企业的投资 8 亿美元。

上述四大领域合计投资 1385.5 亿美元，占当年流量总额的 78.1%。

此外，2023 年流向**采矿业**的投资 98.8 亿美元，比上年下降 34.6%，占当年流量总额的 5.6%。

交通运输、仓储和邮政业 84.4 亿美元，比上年下降 43.9%，占当年流量总额的 4.8%。

科学研究和技术服务业 50.5 亿美元，比上年增长 4.8%，占当年流量总额的 2.8%。

电力、热力、燃气及水的生产和供应业 46.5 亿美元，比上年下降 14.7%，占当年流量总额的 2.6%。

建筑业 28.6 亿美元，比上年增长 97.2%，占当年流量总额的 1.6%。

信息传输、软件和信息技术服务业 22.8 亿美元，比上年增长 34.9%，占当年流量总额的 1.3%。

农、林、牧、渔业 18.2 亿美元，比上年增长 256.9%，占当年流量总额的 1%。

房地产业 14.2 亿美元，比上年下降 35.8%，占当年流量总额的 0.8%。

表6　2023 年中国对外直接投资流量行业分布情况

行业	流量/亿美元	比上年增长/%	比重/%
合计	1 772.9	8.7	100.0
租赁和商务服务业	541.7	24.6	30.6
批发和零售业	388.2	83.4	21.9
制造业	273.4	0.7	15.4
金融业	182.2	−17.6	10.3
采矿业	98.8	−34.6	5.6
交通运输、仓储和邮政业	84.4	−43.9	4.8
科学研究和技术服务业	50.5	4.8	2.8
电力、热力、燃气及水的生产和供应业	46.5	−14.7	2.6
建筑业	28.6	97.2	1.6
信息传输、软件和信息技术服务业	22.8	34.9	1.3
农、林、牧、渔业	18.2	256.9	1.0
房地产业	14.2	−35.8	0.8
居民服务、修理和其他服务业	10.5	54.4	0.6
住宿和餐饮业	9.5	9 500.0	0.5
水利、环境和公共设施管理业	2.4	33.3	0.1
卫生和社会工作	1.6	−44.8	0.1
教育	0.8	−66.7	—
文化、体育和娱乐业	−1.4	—	—

5. 对亚洲和非洲投资快速增长，对大洋洲和拉丁美洲投资降幅较大。

2023 年，流向**亚洲**的投资 1416.0 亿美元，比上年增长 13.9%，占当年对外直接投资流量的 79.9%，较上年提升 3.7 个百分点。其中对中国香港的投资 1087.7 亿美元，增长 11.5%，占对亚洲投资的 76.8%；对东盟 10 国的投资 251.2 亿美元，增长 34.7%，占对亚洲投资的 17.7%。

流向**拉丁美洲**的投资 134.8 亿美元，比上年下降 17.6%，占当年对外直接投资流量的 7.6%。投资主要流向开曼群岛、英属维尔京群岛、墨西哥、巴西、智利、哥伦比亚、厄瓜多尔、玻利维亚等国家（地区）。

流向**欧洲**的投资 99.7 亿美元，比上年下降 3.6%，占当年对外直接投资流量的 5.6%。投资主要流向卢森堡、英国、荷兰、瑞典、德国、俄罗斯联邦、塞尔维亚、匈牙利、瑞士、爱尔兰、意大利、捷克、格鲁吉亚等国家。

流向**北美洲**的投资 77.8 亿美元，比上年增长 7%，占当年对外直接投资流量的 4.4%。其中对美国投资 69.1 亿美元，下降 5.2%；对加拿大投资 3.5 亿美元，增长 141%。

流向**非洲**的投资 39.6 亿美元，比上年增长 118.8%，占当年对外直接投资流量的 2.2%。投资主要流向尼日尔、南非、安哥拉、摩洛哥、刚果（布）、阿尔及利亚、埃及、肯尼亚、津巴布韦、尼日利亚、毛里求斯、刚果（金）、厄立特里亚、赞比亚等国家。

流向**大洋洲**的投资 5.1 亿美元，比上年下降 83.4%，占当年对外直接投资流量的 0.3%。投资主要流向澳大利亚、新西兰、所罗门群岛等国家（见表 7）。

表 7　2023 年中国对外直接投资流量地区构成情况

洲别	金额/亿美元	同比/%	比重/%
亚　　洲	1 416.0	13.9	79.9
拉丁美洲	134.8	−17.6	7.6
欧　　洲	99.7	−3.6	5.6
北 美 洲	77.8	7.0	4.4
非　　洲	39.6	118.8	2.2
大 洋 洲	5.1	−83.4	0.3
合　　计	1 772.9	8.7	100.0

注：部分数据因四舍五入的原因，存在总计与分项合计不等的情况，下同。

2023 年，中国企业对共建"一带一路"国家直接投资 407.1 亿美元，较上年增长 31.5%，占当年对外直接投资流量的 23%。

表8　2023年中国对外直接投资流量前二十位的国家（地区）

序号	国家（地区）	流量/亿美元	占总额比重/%
1	中国香港	1 087.7	61.4
2	新加坡	131.0	7.4
3	开曼群岛	87.3	4.9
4	美　国	69.1	3.9
5	印度尼西亚	31.3	1.8
6	越　南	25.9	1.5
7	英属维尔京群岛	25.5	1.4
8	卢森堡	23.3	1.3
9	泰　国	20.2	1.1
10	阿拉伯联合酋长国	17.8	1.0
11	英　国	16.7	0.9
12	哈萨克斯坦	16.2	0.9
13	马来西亚	14.3	0.8
14	柬埔寨	13.8	0.8
15	老　挝	11.6	0.7
16	墨西哥	10.8	0.6
17	荷　兰	9.0	0.5
18	中国澳门	7.6	0.4
19	瑞　典	7.4	0.4
20	韩　国	6.6	0.4
	合　计	**1 633.1**	**92.1**

6. 近六成非金融类投资来自地方企业，中央企业和单位投资增长超两成。

2023年，中央企业和单位对外非金融类直接投资流量662.3亿美元，占非金融类流量的41.6%，比上年增长20.5%。地方企业928.4亿美元，增长7.9%，占58.4%。其中：**东部地区**760.5亿美元，占地方投资流量的81.9%，增长14.3%；**中部地区**95.9亿美元，占10.3%，增长2.2%；**西部地区**65.6亿美元，占地方投资流量的7.1%，下降29.8%；**东北三省**6.4亿美元，占地方投资流量的0.7%，下降16.9%（见表9）。浙江、广东、上海、江苏、山东、海南、北京、福建、河南、河北列地方对外直接投资流量前十位，合计771.3亿美元，占地方对外直接投资流量的83%（见表10）。深圳市对外直接投资流量66.5亿美元，列计划单列市之首，占广东省的44.9%。

表9 2023年地方对外直接投资流量按区域分布情况

地区	流量/亿美元	同比/%	比重/%
东部地区	760.5	14.3	81.9
中部地区	95.9	2.2	10.3
西部地区	65.6	−29.8	7.1
东北三省	6.4	−16.9	0.7
合　计	928.4	7.9	100.0

注：1. 东部地区包括北京、天津、河北、上海、江苏、浙江、福建、山东、广东、海南。

2. 中部地区包括山西、安徽、江西、河南、湖北、湖南。

3. 西部地区包括内蒙古、广西、四川、重庆、贵州、云南、陕西、甘肃、青海、宁夏、新疆、西藏。

4. 东北三省包括黑龙江、吉林、辽宁。

表10 2023年地方对外直接投资流量前十位的省市

序号	省市	流量/亿美元	占地方比重/%
1	浙江省	156.4	16.9
2	广东省	148.0	15.9
3	上海市	98.7	10.6
4	江苏省	89.2	9.6
5	山东省	69.5	7.5
6	海南省	59.5	6.4
7	北京市	55.1	5.9
8	福建省	42.1	4.5
9	河南省	27.6	3.0
10	河北省	25.2	2.7
	合　计	**771.3**	**83.0**

7. 公有经济控股主体对外投资增速高于非公经济，占比较上年提升4.2个百分点。

2023年，中国对外非金融类直接投资流量中，公有经济控股主体对外投资857.6亿美元，增长20.9%，占53.9%，较上年提升4.2个百分点；非公有经济控股主体对外投资733.1亿美元，增长3.3%，占46.1%（见图8）。

（年份）

年份	非公有经济控股/%	公有经济控股/%
2023	46.1	53.9
2022	50.3	49.7
2021	46	54
2020	50.1	49.9
2019	50.3	49.7
2018	62.3	37.7
2017	48.7	51.3
2016	68	32

■ 非公有经济控股/%　　■ 公有经济控股/%

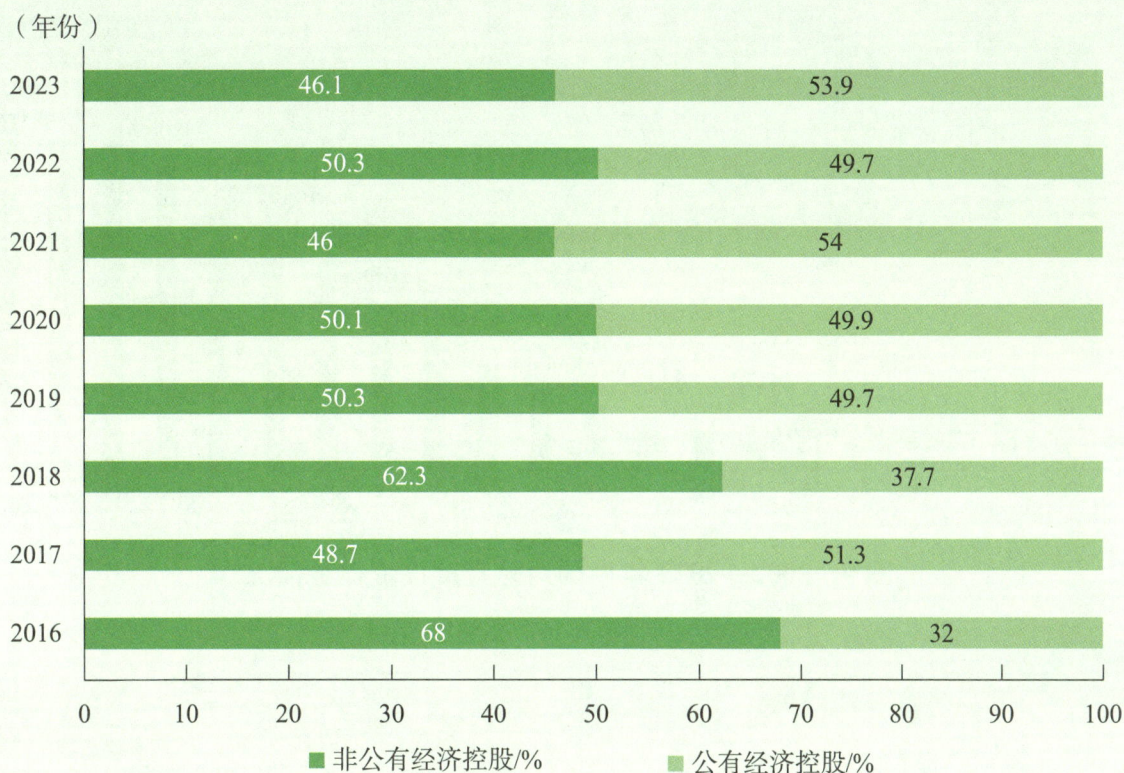

图 8　2016—2023 年对外非金融类直接投资流量所有制构成占比

（二）2023 年末中国对外直接投资存量

1. 在全球的位置和比重。

2023 年末，中国对外直接投资存量 29554 亿美元，较上年末增加 2005.9 亿美元[5]，是 2002 年末存量的 98.8 倍，占全球外国直接投资流出存量的份额由 2002 年的 0.4％提升至 2023 年的 6.7％，排名由第 25 位攀升至第 3 位，仅次于美国（9.4 万亿美元）、荷兰（3.4 万亿美元）。从存量规模上看，中国与美国差距仍然较大，仅相当于美国的 31.4％（见图 9、图 10）。

---

[5]　2023 年全球境外资产存量增加 3.8 万亿美元，美国增加 1.5 万亿美元，加拿大增加 0.5 万亿美元。

单位：亿美元

图 9　2002—2023 年中国对外直接投资存量情况

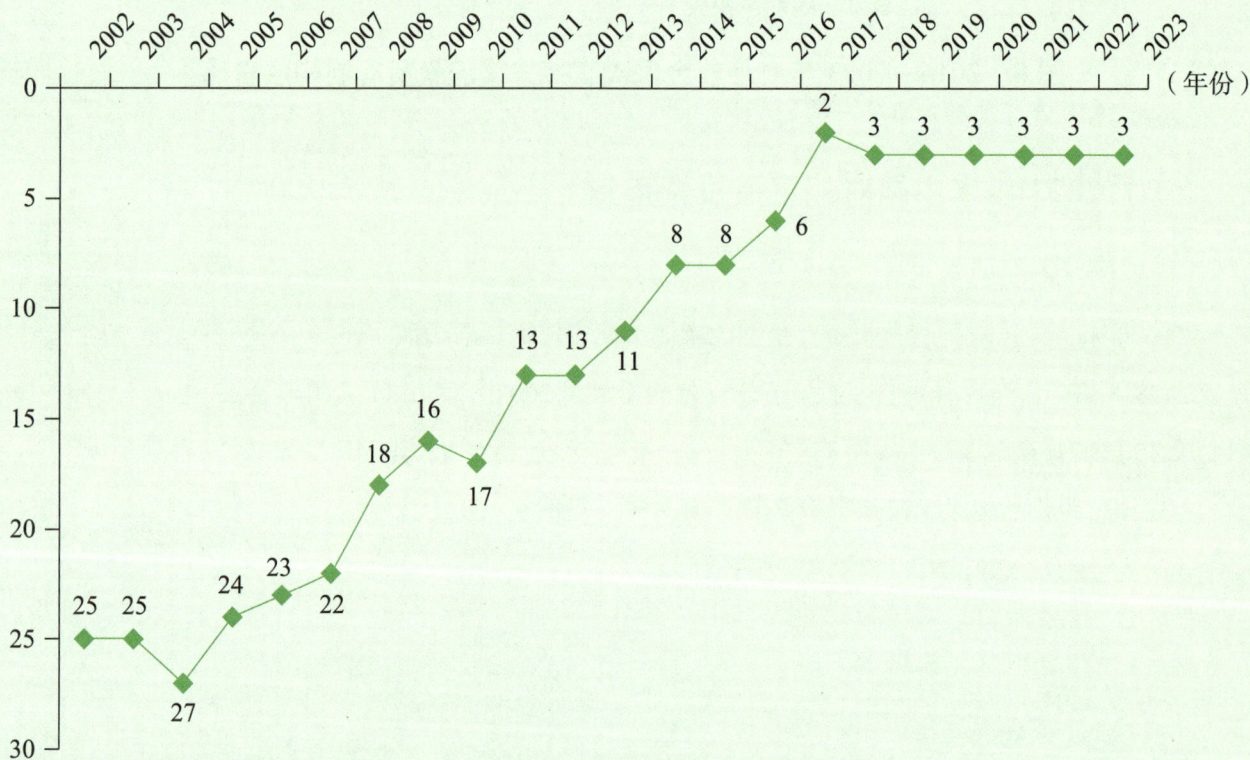

图 10　2002—2023 年中国对外直接投资存量在全球的位次

2. 国家（地区）分布。

2023 年末，中国对外直接投资存量分布在全球的 189 个国家（地区），占全球国家（地区）总数的 80.8％（见图 11）。

2023 年末，中国在**亚洲**的投资存量为 20148.4 亿美元，占 68.2％，主要分布在中国香港、新加坡、印度尼西亚、中国澳门、越南、马来西亚、泰国、老挝等；中国香港占亚洲存量的 87％。

拉丁美洲 6008 亿美元，占 20.3％，主要分布在英属维尔京群岛、开曼群岛、巴西、墨西哥、秘鲁、智利、巴哈马、牙买加、巴拿马、阿根廷等。其中英属维尔京和开曼群岛合计 5808 亿美元，占对拉美地区投资存量的 96.7％。

欧洲 1476.8 亿美元，占 5.0％，主要分布在荷兰、英国、德国、瑞典、卢森堡、俄罗斯联邦、法国、瑞士、意大利、西班牙、爱尔兰、塞尔维亚、匈牙利等。其中，在中东欧 17 国的投资存量为 53.6 亿美元，占对欧投资的 3.6％。

北美洲 1101.1 亿美元，占 3.7％，主要分布在美国、加拿大。

非洲 421.1 亿美元，占 1.4％，主要分布在南非、刚果（金）、尼日利亚、埃塞俄比亚、安哥拉、尼日尔、毛里求斯、肯尼亚、阿尔及利亚、赞比亚、坦桑尼亚、莫桑比克、埃及、津巴布韦等。

大洋洲 398.5 亿美元，占 1.4％，主要分布在澳大利亚、新西兰、巴布亚新几内亚、萨摩亚、马绍尔群岛、斐济等。

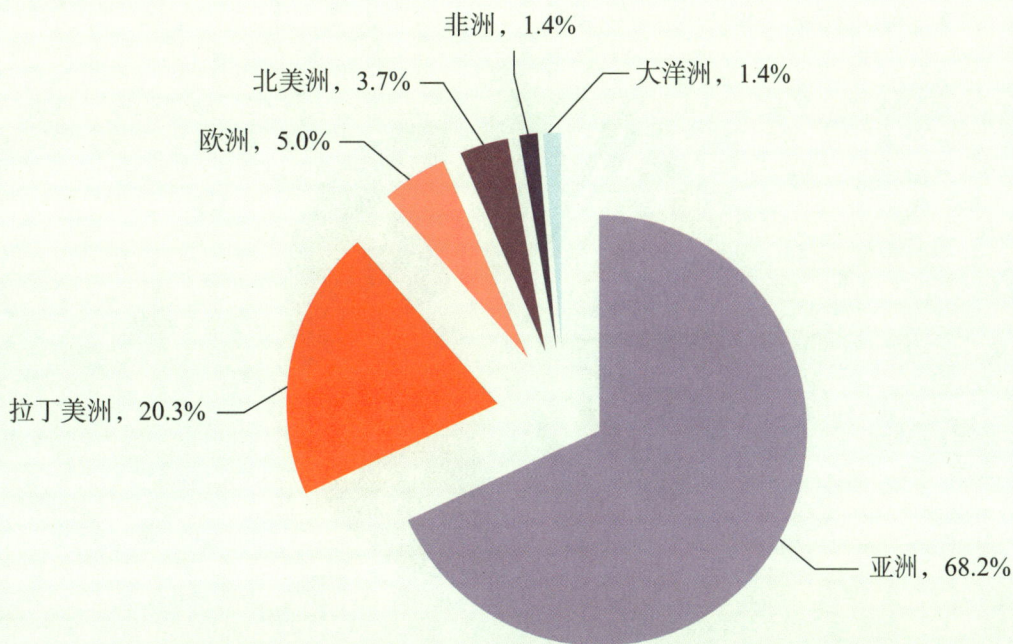

图 11　2023 年中国对外直接投资存量地区分布情况

表 11　2023 年末全球对外直接投资存量上万亿美元的国家（地区）

位次	国家（地区）	存量/亿美元	占全球比重/%
1	美　国	94 339	21.3
2	荷　兰	33 863	7.6
3	中　国	29 554	6.7
4	加 拿 大	27 469	6.2
5	德　国	21 792	4.9
6	日　本	21 326	4.8
7	英　国	21 242	4.8
8	中国香港	20 285	4.6
9	新 加 坡	17 923	4.0
10	卢 森 堡	16 791	3.8
11	法　国	16 357	3.7
12	瑞　士	14 729	3.3
13	爱 尔 兰	13 364	3.0
	合　　计	349 034	78.7

数据来源：2023 年中国对外直接投资数据来源于《中国对外直接投资统计公报》，其他国家（地区）数据来源于联合国贸发会议《2024 世界投资报告》。

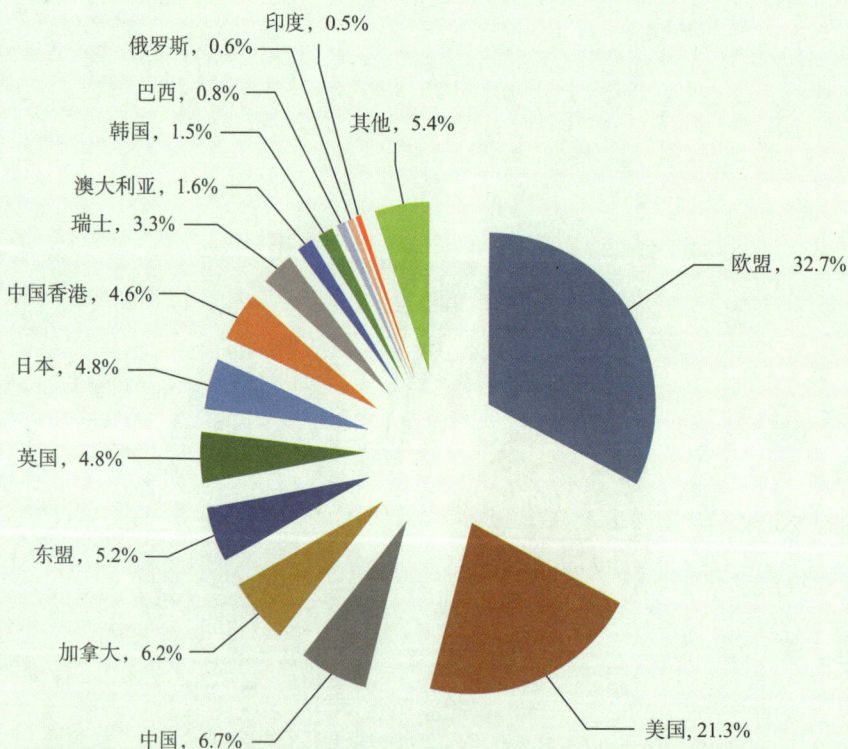

图 12　2023 年末全球主要经济体对外直接投资存量占比

中国对外直接投资存量的近九成分布在发展中经济体。2023 年末，中国在发展中经济体的投资存量为 26456.9 亿美元，占 89.5%（见图 13）。其中，中国香港 17525.2 亿美元，占发展中经济体投资存量的 66.2%；东盟 1756.2 亿美元，占 6.6%。

2023 年末，中国在发达经济体的直接投资存量为 3097.1 亿美元，占 10.5%。其中，欧盟 1024.2 亿美元，占在发达经济体投资存量的 33.1%；美国 836.9 亿美元，占 27%；澳大利亚 347.7 亿美元，占 11.2%；英国 292.6 亿美元，占 9.4%；百慕大群岛 158.2 亿美元，占 5.1%；俄罗斯联邦 106.7 亿美元，占 3.4%；加拿大 106 亿美元，占 3.4%；韩国 69.9 亿美元，占 2.3%；日本 57.7 亿美元，占 1.9%；以色列 27.9 亿美元，占 0.9%；新西兰 26 亿美元，占 0.9%；瑞士 21.1 亿美元，占 0.7%（见表 12）。

表 12　2023 年末中国在发达经济体直接投资存量情况

经济体名称	存量/亿美元	比重/%
欧　　　盟	1 024.2	33.1
美　　　国	836.9	27.0
澳大利亚	347.7	11.2
英　　　国	292.6	9.4
百慕大群岛	158.2	5.1
俄罗斯联邦	106.7	3.4
加　拿　大	106.0	3.4
韩　　　国	69.9	2.3
日　　　本	57.7	1.9
以　色　列	27.9	0.9
新　西　兰	26.0	0.9
瑞　　　士	21.1	0.7
其他国家（地区）	22.2	0.7
合　　　计	3 097.1	100.0

2023 年末，中国对外直接投资存量前二十位的国家（地区）合计达 27799.1 亿美元，占中国对外直接投资存量的 94%。前二十位国家（地区）分别是中国香港、英属维尔京群岛、开曼群岛、新加坡、美国、澳大利亚、荷兰、英国、印度尼西亚、卢森堡、德国、百慕大群岛、中国澳门、越南、马来西亚、瑞典、泰国、俄罗斯联邦、加拿大、老挝（见表 13）。

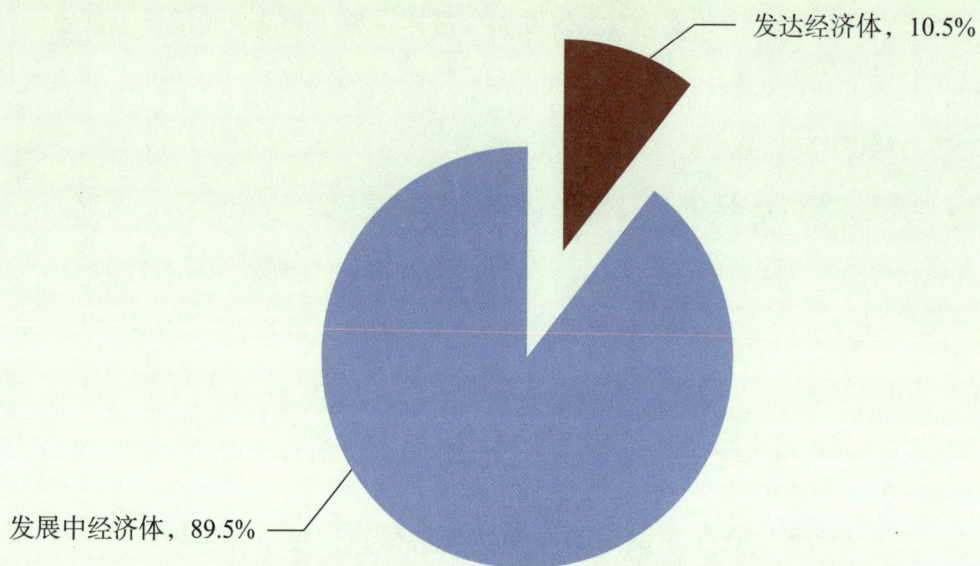

发达经济体，10.5%

发展中经济体，89.5%

图 13　2023 年末中国对经济体直接投资存量构成

表 13　2023 年末中国对外直接投资存量前二十位的国家（地区）

序号	国家（地区）	存量/亿美元	比重/%
1	中国香港	17 525.2	59.3
2	英属维尔京群岛	3 588.9	12.1
3	开曼群岛	2 219.1	7.5
4	新加坡	864.5	2.9
5	美国	836.9	2.8
6	澳大利亚	347.7	1.2
7	荷兰	318.9	1.1
8	英国	292.6	1.0
9	印度尼西亚	263.5	0.9
10	卢森堡	228.7	0.8
11	德国	170.6	0.6
12	百慕大群岛	158.2	0.5
13	中国澳门	139.5	0.5
14	越南	135.9	0.5
15	马来西亚	134.8	0.5
16	瑞典	134.6	0.5
17	泰国	126.7	0.4
18	俄罗斯联邦	106.7	0.3
19	加拿大	106.0	0.3
20	老挝	100.1	0.3
	合计	**27 799.1**	**94.0**

2023 年末，中国在共建"一带一路"国家设立境外企业 1.7 万家，直接投资存量为 3348.4 亿美元，占中国对外直接投资存量的 11.3％。存量位列前十的国家是：新加坡、印度尼西亚、卢森堡、越南、马来西亚、泰国、俄罗斯联邦、老挝、阿拉伯联合酋长国、柬埔寨。

3. 行业分布。

（1）按国民经济行业分。

2023 年末，中国对外直接投资覆盖了国民经济所有行业类别，存量规模上千亿美元的行业有 7 个。

租赁和商务服务业以 11791 亿美元高居榜首，占中国对外直接投资存量的 39.9％。该行业以投资控股为主要目的，主要分布在中国香港、英属维尔京群岛、开曼群岛、新加坡、美国、澳大利亚、英国、卢森堡等国家（地区）。

批发和零售业 4214 亿美元，位列第二，占 14.3％。

金融业 3238.2 亿美元，占 11％（见图 14）。

制造业 2834 亿美元，占 9.6％。主要分布在汽车制造、计算机/通信及其他电子设备制造、其他制造、专用设备制造、医药制造等领域。其中汽车制造业存量 720.6 亿美元，占制造业投资存量的 25.4％。

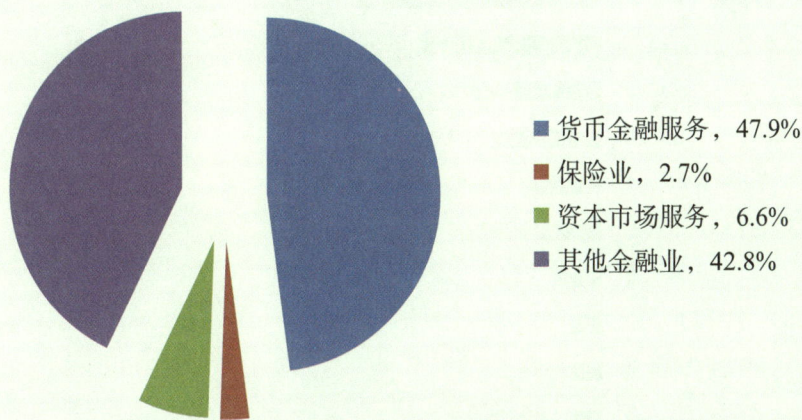

- 货币金融服务，47.9%
- 保险业，2.7%
- 资本市场服务，6.6%
- 其他金融业，42.8%

图 14　2023 年末中国对外金融业投资存量构成

采矿业 1935.1 亿美元，占 6.5％。主要分布在石油和天然气开采、有色金属矿采选、黑色金属矿采选、煤炭开采和洗选等领域。

信息传输、软件和信息技术服务业 1331.1 亿美元，占 4.5％，是中国自然人对外投资较为集中的领域。

交通运输、仓储和邮政业 1042.6 亿美元，占 3.5％，主要分布在水上运输、多式联运和运输代理、航空运输、管道运输等领域。

以上七个行业存量合计 26386 亿美元，占中国对外直接投资存量的 89.3％。其他主要行业分布情况（见图 15、图 16）：

房地产业 885.2 亿美元，占 3％。

电力/热力/燃气及水的生产和供应业 586.8 亿美元，占 2％，主要为电力/热力生产和供应业的投资。

科学研究和技术服务业 585.2 亿美元，占 2％，主要为科技推广和应用服务、研究和试验发展、专业技术服务等。

建筑业 525 亿美元，占 1.8％，主要是土木工程、房屋建筑、建筑安装、建筑装饰/装修和其他建筑业的投资。

农/林/牧/渔业 200.2 亿美元，占 0.7％。其中农业占该行业总投资额的 27.5％，林业占 18.1％，渔业占 10.9％，畜牧业占 3.6％，农/林/牧/渔专业及辅助性活动占 39.9％。

居民服务/修理和其他服务业 141.3 亿美元，占 0.5％，主要是其他服务业以及居民服务业的投资。

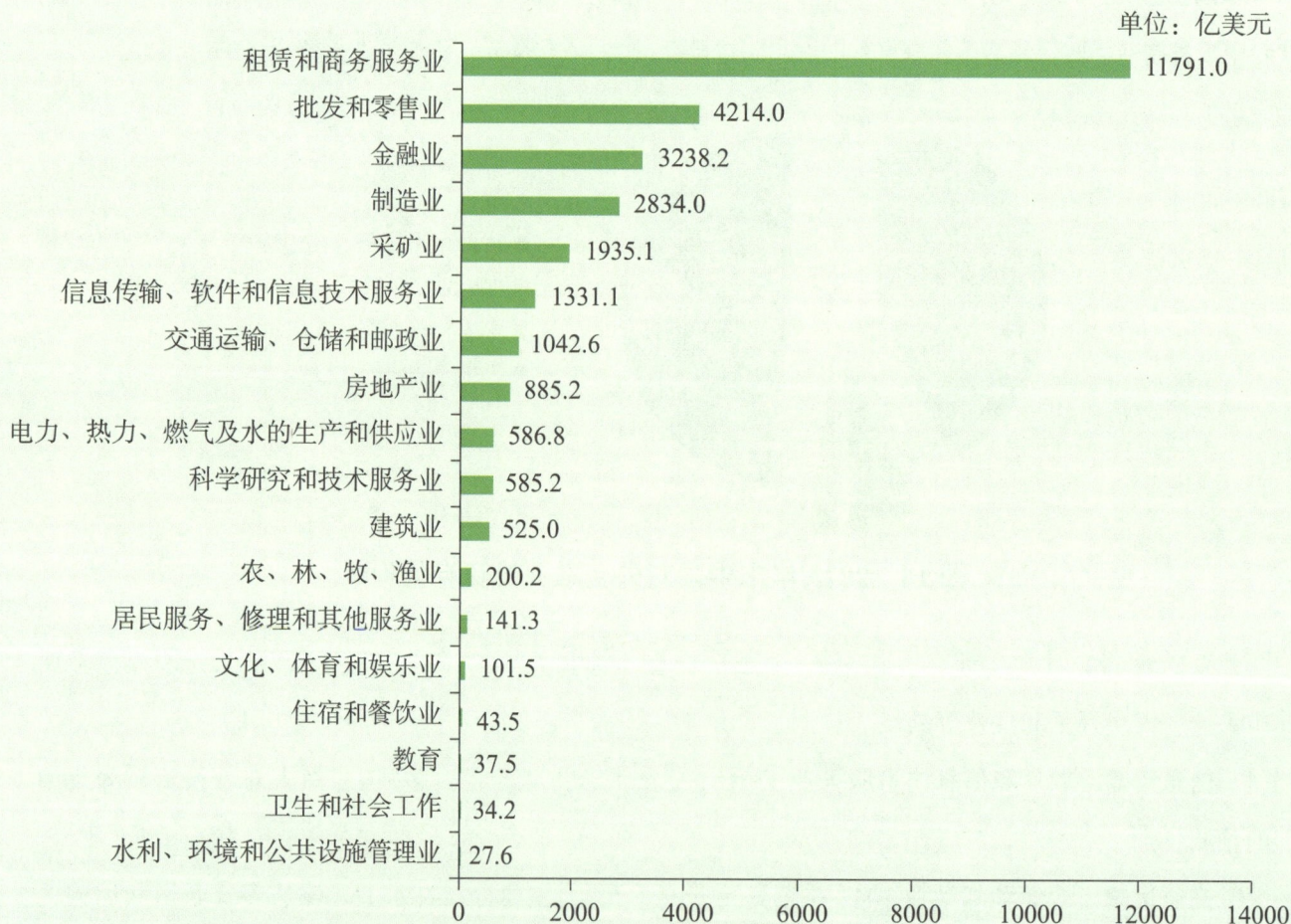

单位：亿美元

行业	亿美元
租赁和商务服务业	11791.0
批发和零售业	4214.0
金融业	3238.2
制造业	2834.0
采矿业	1935.1
信息传输、软件和信息技术服务业	1331.1
交通运输、仓储和邮政业	1042.6
房地产业	885.2
电力、热力、燃气及水的生产和供应业	586.8
科学研究和技术服务业	585.2
建筑业	525.0
农、林、牧、渔业	200.2
居民服务、修理和其他服务业	141.3
文化、体育和娱乐业	101.5
住宿和餐饮业	43.5
教育	37.5
卫生和社会工作	34.2
水利、环境和公共设施管理业	27.6

图 15　2023 年末中国对外直接投资存量行业分布

文化/体育和娱乐业 101.5 亿美元，占 0.3％。

住宿和餐饮业 43.5 亿美元，占 0.1％。

教育 37.5 亿美元，占 0.1％。

卫生和社会工作 34.2 亿美元，占 0.1％。

水利/环境和公共设施管理业 27.6 亿美元，占 0.1％。

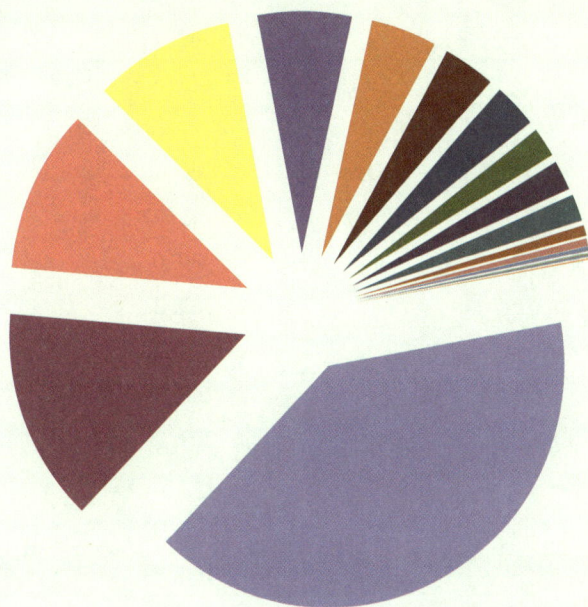

- 租赁和商务服务业，39.9% 　　- 批发和零售业，14.3%
- 金融业，11% 　　- 制造业，9.6%
- 采矿业，6.5% 　　- 信息传输、软件和信息技术服务业，4.5%
- 交通运输、仓储和邮政业，3.5% 　　- 房地产业，3%
- 电力、热力、燃气及水的生产和供应业，2% 　　- 科学研究和技术服务业，2%
- 建筑业，1.8% 　　- 农、林、牧、渔业，0.7%
- 居民服务、修理和其他服务业，0.5% 　　- 文化、体育和娱乐业，0.3%
- 住宿和餐饮业，0.1% 　　- 教育，0.1%
- 卫生和社会工作，0.1% 　　- 水利、环境和公共设施管理业，0.1%

图 16　2023 年末中国对外直接投资存量行业比重

从不同地区的行业分布情况看，中国对各地区直接投资的行业高度集中（见表 14）。

表14 2023 年末中国对各洲直接投资存量前五位的行业

地区	行业	存量/亿美元	占比/%
亚洲	租赁和商务服务业	8 865.5	44.0
	批发和零售业	3 335.7	16.6
	金融业	2 120.8	10.5
	制造业	1 441.3	7.1
	采矿业	1 038.8	5.2
	小计	**16 802.1**	**83.4**
非洲	建筑业	148.5	35.3
	采矿业	91.6	21.7
	制造业	60.1	14.3
	金融业	49.1	11.7
	租赁和商务服务业	20.0	4.7
	小计	**369.3**	**87.7**
欧洲	制造业	442.2	29.9
	金融业	268.3	18.2
	采矿业	207.2	14.0
	租赁和商务服务业	155.2	10.5
	批发和零售业	92.0	6.2
	小计	**1 164.9**	**78.8**
拉丁美洲	租赁和商务服务业	2 602.3	43.3
	信息传输、软件和信息技术服务业	820.3	13.6
	批发和零售业	683.6	11.4
	制造业	582.3	9.7
	金融业	516.5	8.6
	小计	**5 205.0**	**86.6**
北美洲	制造业	287.0	26.0
	金融业	236.4	21.5
	采矿业	216.7	19.7
	批发和零售业	80.3	7.3
	租赁和商务服务业	78.2	7.1
	小计	**898.6**	**81.6**
大洋洲	采矿业	163.8	41.1
	租赁和商务服务业	69.8	17.5
	金融业	47.2	11.9
	房地产业	27.1	6.8
	制造业	21.1	5.3
	小计	**329.0**	**82.6**

（2）按三次产业分。

2023 年末，中国对外直接投资存量主要集中在第三产业（即服务业），金额为 23604.7 亿美元，占中国对外直接投资存量的 79.9％，主要分布在租赁和商务服务业、批发和零售业、金融业、信息传输/软件和信息技术服务业、交通运输/仓储和邮政业、房地产业等领域。第二产业 5823.3 亿美元，占 19.7％，其中制造业（不含金属制品/机械和设备修理业）2830.9 亿美元，占第二产业的 48.6％；采矿业（不含开采辅助活动）1880.6 亿美元，占 32.3％；电力/热力/燃气及水的生产和供应业 586.8 亿美元，占 10.1％；建筑业 525 亿美元，占 9％。第一产业（农/林/牧/渔业，但不含农/林/牧/渔服务业）126 亿美元，占中国对外直接投资存量的 0.4％（见图 17）。

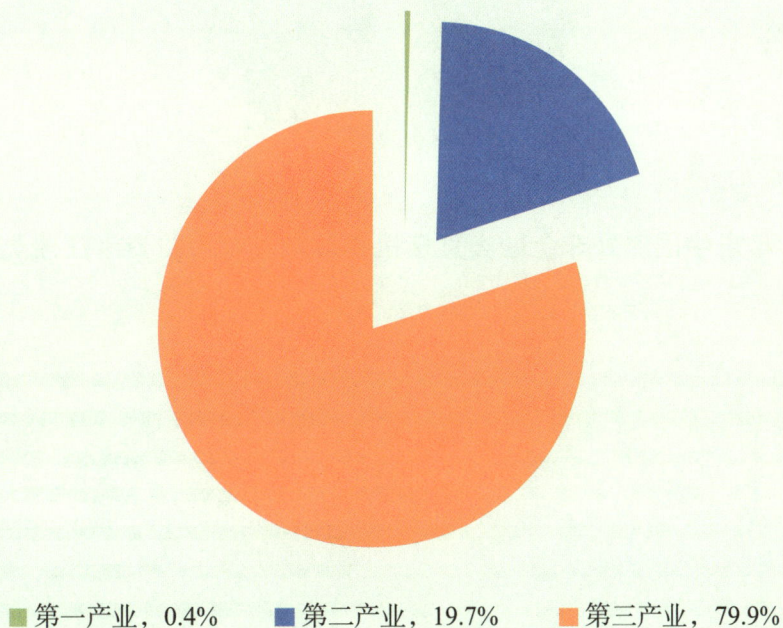

■ 第一产业，0.4%　　■ 第二产业，19.7%　　■ 第三产业，79.9%

图 17　2023 年末中国对外直接投资存量按三次产业分类构成

4. 按境内投资者工商行政管理注册类型分类。

2023 年末，在对外非金融类直接投资 26315.8 亿美元存量中，国有企业占 52.2％，非国有企业占 47.8％。其中，股份有限公司占 10.7％，有限责任公司占 11.2％，私营企业占 7％，个体经营占 4.7％，外商投资企业占 3.4％，港澳台商投资企业占 1.8％，股份合作企业占 0.4％，集体企业占 0.4％，其他占 8.2％（见图 18、图 19）。

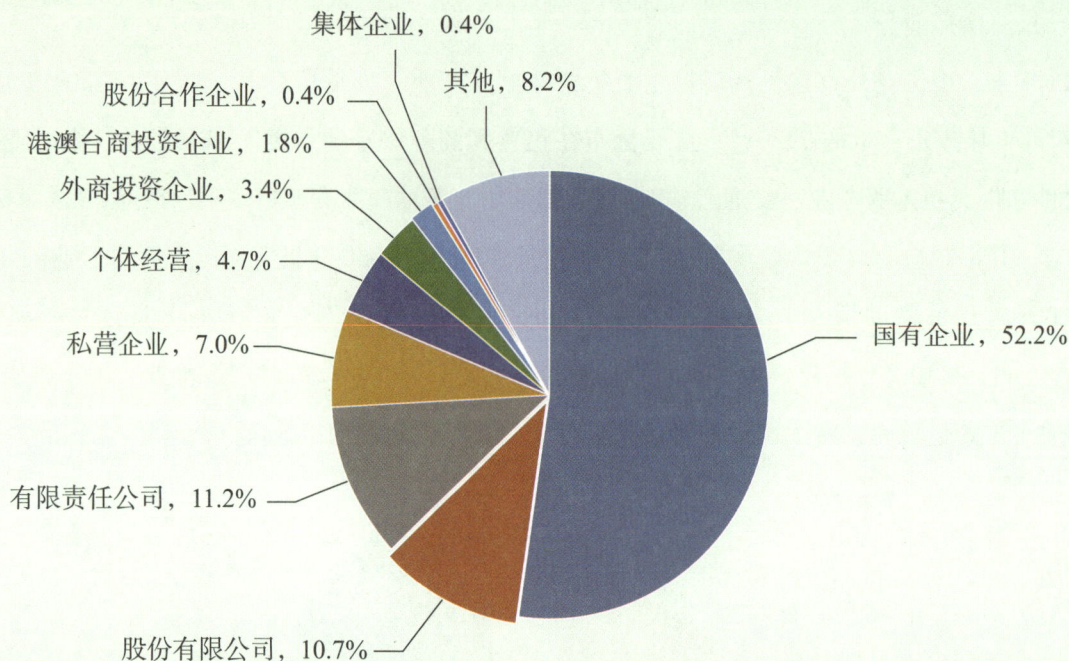

集体企业，0.4%
股份合作企业，0.4%
港澳台商投资企业，1.8%
外商投资企业，3.4%
个体经营，4.7%
私营企业，7.0%
有限责任公司，11.2%
股份有限公司，10.7%
其他，8.2%
国有企业，52.2%

图 18 2023 年末中国对外非金融类直接投资存量按境内投资者注册类型分布情况

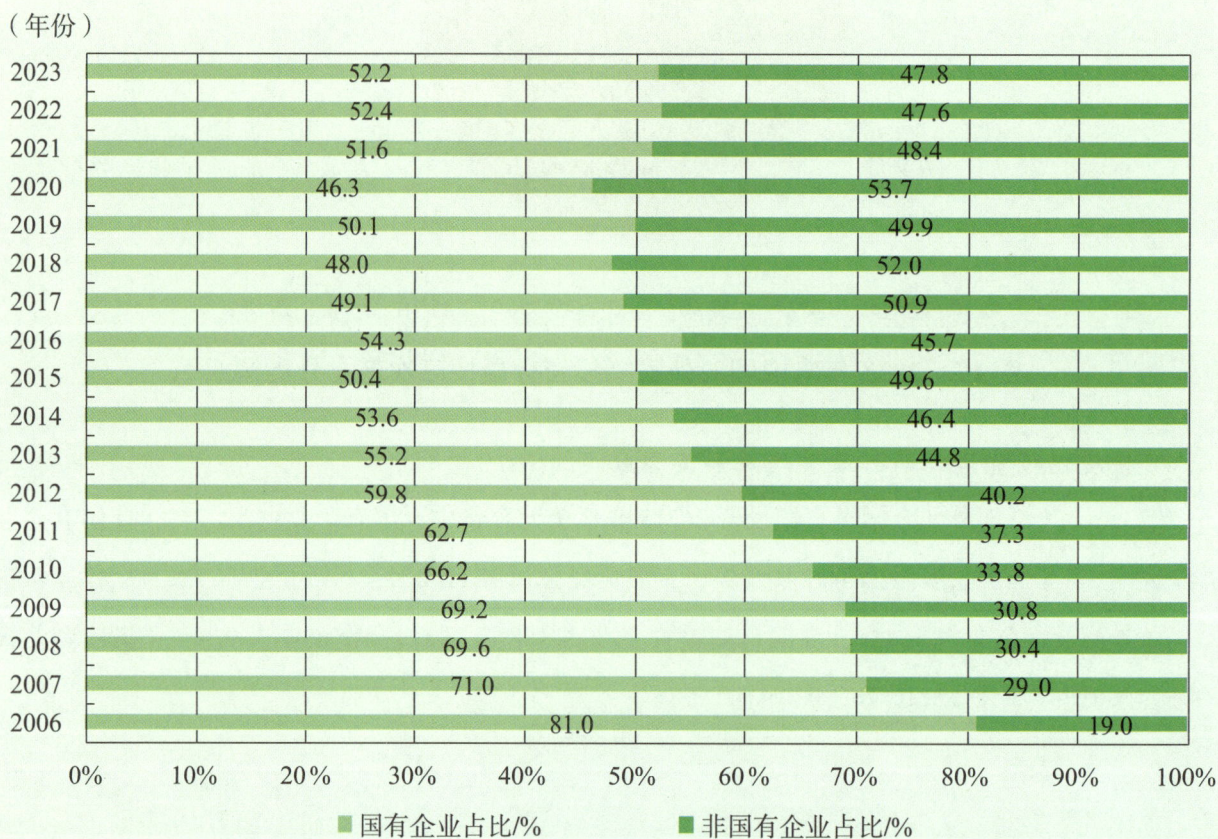

（年份）

年份	国有企业占比/%	非国有企业占比/%
2023	52.2	47.8
2022	52.4	47.6
2021	51.6	48.4
2020	46.3	53.7
2019	50.1	49.9
2018	48.0	52.0
2017	49.1	50.9
2016	54.3	45.7
2015	50.4	49.6
2014	53.6	46.4
2013	55.2	44.8
2012	59.8	40.2
2011	62.7	37.3
2010	66.2	33.8
2009	69.2	30.8
2008	69.6	30.4
2007	71.0	29.0
2006	81.0	19.0

图 19 2006—2023 年中国国有企业和非国有企业存量占比情况

5. 省份分布。

2023 年末，地方企业对外非金融类直接投资存量达 10099.8 亿美元，占全国非金融类存量的 38.4%。其中：东部地区 8349 亿美元，占地方企业对外非金融类直接投资存量的 82.7%；中部地区 793 亿美元，占 7.9%；西部地区 772.7 亿美元，占 7.6%；东北三省 185.1 亿美元，占 1.8%（见图 20）。广东省以 1950.5 亿美元位列地方对外直接投资存量之首，其次为上海市 1671.2 亿美元，其后依次为浙江、北京、山东、江苏、福建、天津、安徽、河南等。在 5 个计划单列市中，深圳市以 1116.1 亿美元位列第一，占广东省对外直接投资存量的 57.2%；宁波市以 310.4 亿美元位列第二，占浙江省存量的 26.1%（见表 15）。

表 15　2023 年末对外直接投资存量前十位的省份

序号	省份	存量/亿美元
1	广东省	1 950.5
2	上海市	1 671.2
3	浙江省	1 191.0
4	北京市	1 045.8
5	山东省	774.3
6	江苏省	755.0
7	福建省	304.8
8	天津市	271.3
9	安徽省	217.2
10	河南省	214.2
合计（占地方存量的 83.1%）		8 395.3

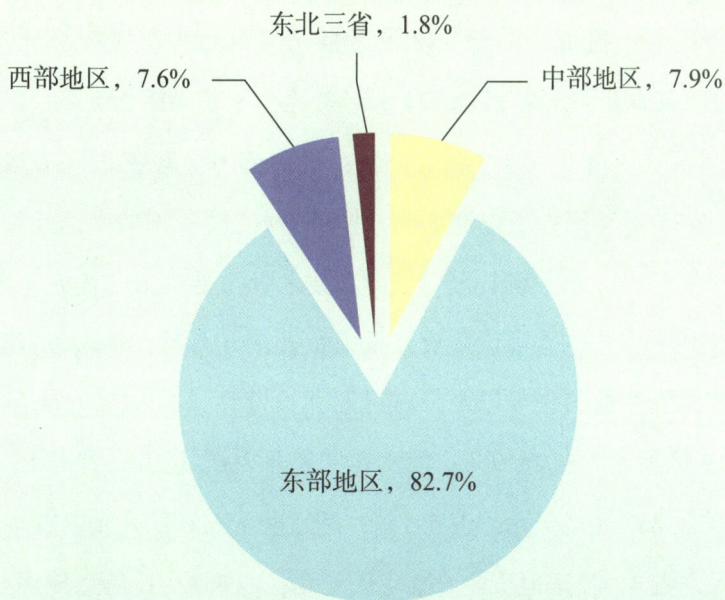

图 20　2023 年末地方企业对外直接投资存量地区比重构成

三、中国对世界主要经济体的直接投资

表 16　2023 年中国对世界主要经济体的直接投资情况

经济体名称	流量			存量	
	金额/亿美元	比上年/%	比重/%	金额/亿美元	比重/%
中国香港	1 087.7	11.5	61.3	17 525.2	59.3
东　　盟	251.2	34.7	14.2	1 756.2	5.9
欧　　盟	64.8	-6.1	3.7	1 024.2	3.5
美　　国	69.1	-5.2	3.9	836.9	2.8
澳大利亚	5.5	-80.4	0.3	347.7	1.2
合　　计	**1 478.3**	**11.0**	**83.4**	**21 490.2**	**72.7**

（一）中国内地对中国香港的投资

2023 年，中国内地对中国香港直接投资流量 1087.7 亿美元，比上年增长 11.5%，占当年中国内地对外直接投资总额的 61.3%，占对亚洲投资流量的近八成。

从流量行业构成情况看，投资流向租赁和商务服务业 460.5 亿美元，比上年增长 29.8%，占 42.3%，排名第一；投资流向批发和零售业 274.5 亿美元，增长 102.2%，占 25.2%，位居次席；投资流向采矿业 82.1 亿美元，下降 31.3%，占 7.5%；投资流向金融业 72.6 亿美元，下降 1.1%，占 6.7%；投资流向制造业 71 亿美元，下降 9.5%，占 6.5%；投资流向交通运输/仓储和邮政业 55.2 亿美元，下降 54.7%，占 5.1%；投资流向科学研究和技术服务业 21.6 亿美元，增长 64.7%，占 2%。

2023 年末，中国内地共在中国香港设立直接投资企业 1.6 万家，年末投资存量 17525.2 亿美元，占中国内地对境外直接投资存量的一半以上，占对亚洲投资存量的 87%。从存量的行业构成看，租赁和商务服务业 8568.9 亿美元，占 48.9%；批发和零售业 2962 亿美元，占 16.9%；金融业 1837 亿美元，占 10.5%；采矿业 887.8 亿美元，占 5.1%；制造业 756.6 亿美元，占 4.3%；交通运输/仓储和邮政业 692.8 亿美元，占 4%；房地产业 690.4 亿美元，占 3.9%；信息传输/软件和信息技术服务业 350.2 亿美元，占 2%；电力/热力/燃气及水的生产和供应业 251.3 亿美元，占 1.4%；科学研究和技术服务业 194.8 亿美元，占 1.1%；建筑业 98 亿美元，占 0.6%；居民服务/修理和其他服务业 76 亿美元，占 0.4%；文化/体育和娱乐业占 0.4%（见表 17）。

表 17   2023 年中国内地对中国香港直接投资主要行业

行业	流量/万美元	比重/%	存量/万美元	比重%
租赁和商务服务业	4 605 016	42.3	85 688 569	48.9
批发和零售业	2 745 017	25.2	29 620 432	16.9
金融业	725 872	6.7	18 369 643	10.5
采矿业	820 718	7.5	8 878 498	5.1
制造业	710 109	6.5	7 565 741	4.3
交通运输、仓储和邮政业	552 181	5.1	6 927 659	4.0
房地产业	145 486	1.3	6 903 600	3.9
信息传输、软件和信息技术服务业	122 178	1.1	3 501 753	2.0
电力、热力、燃气及水的生产和供应业	182 101	1.7	2 512 728	1.4
科学研究和技术服务业	215 563	2.0	1 947 697	1.1
建筑业	−59 794	−0.5	980 335	0.6
居民服务、修理和其他服务业	18 627	0.2	760 467	0.4
文化、体育和娱乐业	−4 920	0.0	758 775	0.4
农、林、牧、渔业	11 835	0.1	273 492	0.2
水利、环境和公共设施管理业	16 259	0.1	186 568	0.1
其他行业	70 450	0.7	376 197	0.2
合计	10 876 698	100.0	175 252 154	100.0

（二）中国对东盟的投资

2023 年，中国对东盟的直接投资流量 251.2 亿美元，比上年增长 34.7%，占当年流量总额的 14.2%，占当年对亚洲投资流量的 17.7%；年末存量为 1756.2 亿美元，占存量总额的 5.9%，占对亚洲投资存量的 8.7%。2023 年末，中国共在东盟设立直接投资企业超 7400 家，雇佣外方员工超 72 万人。

从流量行业构成情况看，投资的第一目标行业是制造业 91.5 亿美元，比上年增长 11.4%，占 36.4%，主要流向越南、印度尼西亚、泰国和新加坡；第二是批发和零售业 48.1 亿美元，增长

14.6％，占 19.2％，主要流向新加坡；租赁和商务服务业位列第三，31.8 亿美元，增长 429.3％，占 12.7％，主要流向新加坡；电力/热力/燃气及水的生产和供应业 18.3 亿美元，增长 15.9％，占 7.3％，主要流向老挝、新加坡、印度尼西亚；交通运输/仓储和邮政业 14 亿美元，增长 834.8％，占 5.6％，主要流向马来西亚、新加坡；信息传输/软件和信息技术服务业 12.1 亿美元，增长 192.2％，占 4.8％，主要流向新加坡；农/林/牧/渔业 11.4 亿美元，增长 1387.3％，占 4.5％，主要流向新加坡、老挝；科学研究和技术服务业 6.3 亿美元，上年为负流量，占 2.5％，主要流向新加坡；金融业 5.8 亿美元，下降 37.7％，占比 2.3％，主要流向新加坡；居民服务/修理和其他服务业 5.7 亿美元，增长 185.5％，占 2.3％，主要流向新加坡；采矿业 4.9 亿美元，下降 73％，占 2％，主要流向印度尼西亚和新加坡。

从流向的主要国家看，新加坡位居首位，流量达 131 亿美元，比上年增长 57.9％，占对东盟投资流量的 52.1％，主要投向批发和零售业、租赁和商务服务业、制造业等；其次为印度尼西亚 31.3 亿美元，下降 31.1％，占 12.5％，主要投向制造业等；越南位列第三，流量达 25.9 亿美元，增长 52.3％，占 10.3％，主要投向制造业等。

从存量的主要行业构成看，投向制造业 568.6 亿美元，占 32.4％，主要分布在印度尼西亚、越南、新加坡、泰国和马来西亚等；批发和零售业 299.3 亿美元，占 17％，主要分布在新加坡、马来西亚、泰国等；租赁和商务服务业 267.3 亿美元，占 15.2％，主要分布在新加坡、印度尼西亚、老挝等；电力/热力/燃气及水的生产和供应业 160.7 亿美元，占 9.1％，主要分布在新加坡、印度尼西亚、马来西亚、缅甸和老挝等；建筑业 88.1 亿美元，占 5％，主要分布在印度尼西亚、柬埔寨、老挝、新加坡、马来西亚等；金融业 87.5 亿美元，占 5％，主要分布在新加坡、泰国、马来西亚、印度尼西亚等；交通运输/仓储和邮政业 69.4 亿美元，占 3.9％，主要分布在新加坡、老挝等；农/林/牧/渔业 52.3 亿美元，占 3％，主要分布在老挝、新加坡、印度尼西亚、柬埔寨等；信息传输/软件和信息技术服务业 48.4 亿美元，占 2.8％，主要集中在新加坡；采矿业 45.9 亿美元，占 2.6％，主要分布在印度尼西亚、新加坡和缅甸等；科学研究和技术服务业 21.4 亿美元，占 1.2％，主要分布在新加坡、印度尼西亚、马来西亚等（见表 18）。

从存量的国别构成看，中国对新加坡直接投资存量位居首位，达 864.5 亿美元，占对东盟投资存量的 49.2％，主要投向批发和零售业、租赁和商务服务业、制造业、金融业等；其次为印度尼西亚 263.5 亿美元，占 15％，主要投向制造业、电力/热力/燃气及水的生产和供应业、采矿业等；越南位列第三，135.9 亿美元，占 7.7％，主要投向制造业、电力/热力/燃气及水的生产和供应业、建筑业、批发和零售业等（见图 21）。

表 18   2023 年中国对东盟直接投资主要行业

行业	流量/万美元	比重/%	存量/万美元	比重/%
制造业	914 796	36.4	5 685 567	32.4
批发和零售业	481 487	19.2	2 993 058	17.0
租赁和商务服务业	318 083	12.7	2 673 270	15.2
电力、热力、燃气及水的生产和供应业	182 962	7.3	1 607 407	9.1
建筑业	10 243	0.4	880 634	5.0
金融业	58 261	2.3	874 895	5.0
交通运输、仓储和邮政业	139 736	5.6	694 080	3.9
农、林、牧、渔业	113 889	4.5	523 218	3.0
信息传输、软件和信息技术服务业	120 588	4.8	484 134	2.8
采矿业	49 025	2.0	458 949	2.6
科学研究和技术服务业	63 331	2.5	213 694	1.2
居民服务、修理和其他服务业	56 886	2.3	197 500	1.1
房地产业	926	0.0	151 236	0.9
水利、环境和公共设施管理业	3 376	0.1	43 976	0.3
教育	5 849	0.2	31 108	0.2
其他行业	−7 087	−0.3	48 992	0.3
合计	2 512 351	100.0	17 561 718	100.0

单位：亿美元

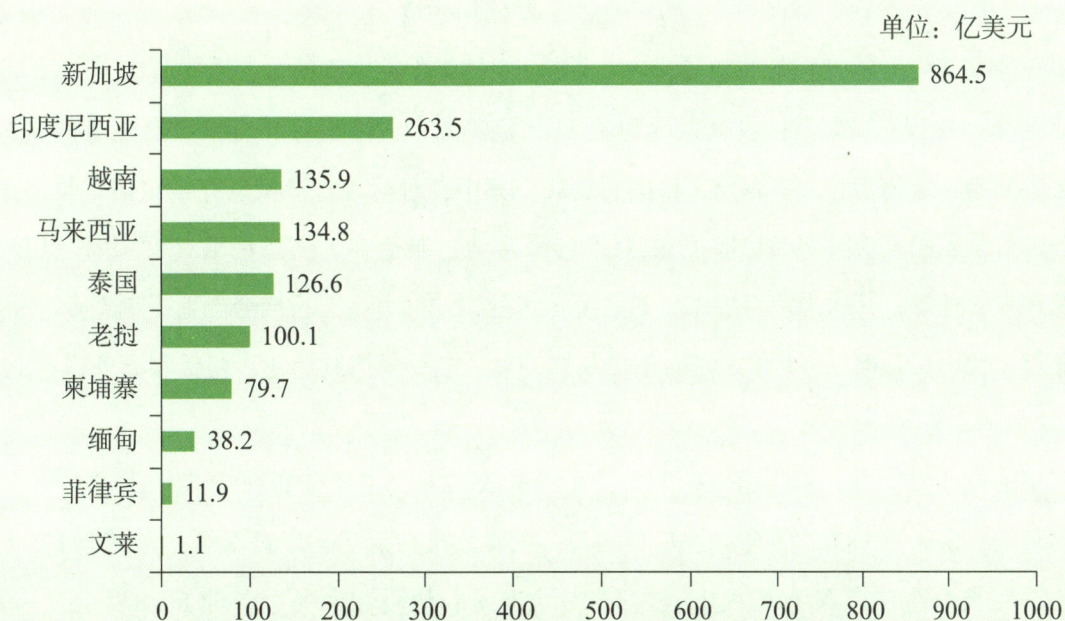

图 21   2023 年末中国对东盟 10 国直接投资存量情况

（三）中国对欧盟的投资

2023 年，中国对欧盟的投资流量为 64.8 亿美元，比上年下降 6.1%，占流量总额的 3.7%。2023 年末，中国共在欧盟设立直接投资企业超 2800 家，覆盖欧盟的全部 27 个成员国，雇佣外方员工超 27 万人。

从流向的主要国家看，卢森堡位居首位，流量达 23.3 亿美元，比上年下降 28.3%，占对欧盟投资流量的 36%，主要投向金融业、居民服务/修理和其他服务业、信息传输/软件和信息技术服务业、科学研究和技术服务业等；其次为荷兰 9 亿美元，2022 年为负流量，占 13.8%，主要投向批发和零售业、采矿业、制造业等；瑞典 7.4 亿美元位列第三，下降 59.8%，占 11.5%，主要投向制造业、批发和零售业等。

从整体行业分布看，2023 年中国企业投资欧盟的第一大行业是金融业 25.2 亿美元，比上年增长 27.7%，占 38.9%，主要集中在卢森堡、爱尔兰和意大利；第二是制造业 18.7 亿美元，下降 51.7%，占 28.8%，主要流向瑞典、德国、匈牙利等；批发和零售业列第三，17.3 亿美元，增长 167.7%，占 26.7%，主要流向荷兰、瑞典等；租赁和商务服务业 5.4 亿美元，增长 201.3%，占 8.4%，主要流向捷克、爱尔兰、德国等；采矿业 2.1 亿美元，2022 年为负流量，占 3.2%，主要流向荷兰、卢森堡等；科学研究和技术服务业 1 亿美元，下降 83.7%，占 1.6%，主要流向卢森堡、德国等；建筑业 1 亿美元，增长 63%，占 1.6%，主要流向匈牙利、荷兰等；电力/热力/燃气及水的生产和供应业 1 亿美元，下降 82.6%，占 1.5%，主要流向卢森堡、荷兰、意大利等；居民服务/修理和其他服务业 0.9 亿美元，下降 77.2%，占 1.4%，主要集中在卢森堡等。

2023 年末，中国对欧盟直接投资存量为 1024.2 亿美元，占中国对外直接投资存量的 3.5%。存量上百亿美元的国家为荷兰、卢森堡、德国、瑞典。其中，对荷兰直接投资存量位居首位，达 318.9 亿美元，占对欧盟投资存量的 31.1%，主要投向采矿业、制造业、信息传输/软件和信息技术服务业、批发和零售业等；其次为卢森堡 228.7 亿美元，占 22.3%，主要投向金融业、制造业、租赁和商务服务业等；德国位列第三，170.6 亿美元，占 16.7%，主要投向制造业、租赁和商务服务业、交通运输/仓储和邮政业等。

从存量的行业分布看，制造业 360.7 亿美元，占 35.2%，主要分布在瑞典、德国、荷兰、卢森堡、意大利等；采矿业 183.7 亿美元，占 17.9%，主要分布在荷兰、卢森堡等；金融业 171 亿美元，占 16.7%，主要分布在卢森堡、德国、法国、意大利等；租赁和商务服务业 86.8 美元，占 8.5%，主要分布在卢森堡、德国、法国、荷兰、爱尔兰等；信息传输/软件和信息技术服务业 61.7 亿美元，占 6%，主要集中在荷兰、卢森堡等；批发和零售业 60.2 亿美元，占 5.9%，主要分布在荷兰、法国、德国、卢森堡、瑞典等；电力/热力/燃气及水的生产和供应业 23.9 亿美元，占 2.3%，主要分布在卢森堡、西班牙等；科学研究和技术服务业 22.6 亿美元，占 2.2%，主要分布在卢森堡、德国、荷兰、意大利等；居民服务/修理和其他服务业 15.2 亿美元，占 1.5%，主要集中在卢森堡、捷克、德国等；交通运输/仓储和邮政业 14 亿美元，占 1.4%，主要分布在德国、希腊等（见表 19）。

表 19　2023 年中国对欧盟直接投资主要行业

行业	流量/万美元	比重/%	存量/万美元	比重/%
制造业	186 592	28.8	3 606 621	35.2
采矿业	20 814	3.2	1 836 708	17.9
金融业	252 215	38.9	1 710 451	16.7
租赁和商务服务业	54 340	8.4	868 267	8.5
信息传输、软件和信息技术服务业	−71 679	−11.1	616 899	6.0
批发和零售业	173 064	26.7	602 466	5.9
电力、热力、燃气及水的生产和供应业	9 789	1.5	238 887	2.3
科学研究和技术服务业	10 345	1.6	226 425	2.2
居民服务、修理和其他服务业	9 058	1.4	151 842	1.5
交通运输、仓储和邮政业	−5 260	−0.8	139 835	1.4
住宿和餐饮业	150	0.0	87 381	0.8
农、林、牧、渔业	−2 806	−0.4	59 824	0.6
建筑业	10 076	1.6	38 308	0.4
房地产业	203	0.0	26 264	0.3
文化、体育和娱乐业	38	0.0	14 172	0.1
其他行业	1 325	0.2	17 891	0.2
合计	648 264	100.0	10 242 241	100.0

（四）中国对美国的投资

2023 年中国对美国直接投资流量为 69.1 亿美元，较上年下降 5.2%，占当年中国对外直接投资流量的 3.9%；存量为 836.9 亿美元，占中国对外直接投资存量的 2.8%，占对北美洲投资存量的 76%。2023 年末，中国共在美国设立境外企业超 5100 家，雇佣外方员工超过 8.5 万人。

2023 年，中国对美投资覆盖国民经济 18 个行业门类。从构成情况看，流向金融业 22.5 亿美元，比上年下降 31.6%，占 32.5%；制造业 12.3 亿美元，下降 20.2%，占 17.8%，位居次席；批发和零售业 12.3 亿美元，增长 109%，占 17.8%；科学研究和技术服务业 8.2 亿美元，增长 26.6%，占

11.9%；采矿业 4.2 亿美元，增长 16.5%，占 6%；租赁和商务服务业 2.8 亿美元，增长 126.9%，占 4%。

从存量的行业构成看，主要分布在制造业 255.8 亿美元，占 30.6%；金融业 194.4 亿美元，占 23.2%；批发和零售业 77.4 亿美元，占 9.2%；采矿业 68.1 亿美元，占 8.1%；租赁和商务服务业 67.6 亿美元，占 8.1%；科学研究和技术服务业 44.3 亿美元，占 5.3%；房地产业 38 亿美元，占 4.5%；信息传输/软件和信息技术服务业 20 亿美元，占 2.4%；建筑业 16.5 亿美元，占 2%；文化/体育和娱乐业 14.4 亿美元，占 1.7%；交通运输/仓储和邮政业 11.7 亿美元，占 1.4%；农/林/牧/渔业 8.3 亿美元，占 1%（见表 20）。

表 20　2023 年中国对美国直接投资主要行业

行业	流量/万美元	比重/%	存量/万美元	比重/%
制造业	122 877	17.8	2 557 614	30.6
金融业	224 963	32.5	1 943 785	23.2
批发和零售业	122 857	17.8	773 672	9.2
采矿业	41 749	6.0	681 130	8.1
租赁和商务服务业	27 611	4.0	676 400	8.1
科学研究和技术服务业	82 000	11.9	443 470	5.3
房地产业	−1 198	−0.2	379 861	4.5
信息传输、软件和信息技术服务业	27 305	3.9	199 744	2.4
建筑业	5 415	0.8	165 247	2.0
文化、体育和娱乐业	−6 514	−0.9	144 253	1.7
交通运输、仓储和邮政业	11 822	1.7	116 588	1.4
农、林、牧、渔业	27 376	4.0	83 438	1.0
电力、热力、燃气及水的生产和供应业	2 470	0.4	72 695	0.9
住宿和餐饮业	119	0.0	42 680	0.5
教育	1 753	0.2	32 321	0.4
其他行业	688	0.1	56 528	0.7
合计	691 293	100.0	8 369 426	100.0

（五）中国对澳大利亚的投资

2023 年，中国对澳大利亚的投资流量为 5.5 亿美元，比上年下降 80.4％，占流量总额的 0.3％，占对大洋洲投资流量的超九成。从行业分布情况看，投资主要流向金融业 4.4 亿美元，占 81.4％；制造业 1.5 亿美元，占 27.2％。

2023 年末，中国对澳大利亚的投资存量为 347.7 亿美元，占中国对外直接投资存量的 1.2％，占对大洋洲投资存量的 87.3％；共在澳大利亚设立超 800 家境外企业，雇佣外方员工超 2.5 万人。从存量的主要行业分布情况看，投向采矿业 154.5 亿美元，占 44.4％；租赁和商务服务业 66.7 亿美元，占 19.2％；金融业 40.5 亿美元，占 11.7％；房地产业 24.8 亿美元，占 7.1％；制造业 17 亿美元，占 4.9％；农/林/牧/渔业 10.4 亿美元，占 3％；电力/热力/燃气及水的生产和供应业 8.5 亿美元，占 2.4％（见表 21）。

表 21　2023 年中国对澳大利亚直接投资的主要行业

行业	流量/万美元	比重/％	存量/万美元	比重/％
采矿业	−31 884	−58.5	1 544 892	44.4
租赁和商务服务业	2 491	4.6	667 147	19.2
金融业	44 371	81.4	405 204	11.7
房地产业	3 331	6.1	248 073	7.1
制造业	14 838	27.2	170 169	4.9
农、林、牧、渔业	1 338	2.5	104 411	3.0
电力、热力、燃气及水的生产和供应业	3 732	6.9	84 668	2.4
批发和零售业	1 052	1.9	72 955	2.1
建筑业	8	0.0	47 946	1.4
交通运输、仓储和邮政业	1 409	2.6	42 374	1.2
科学研究和技术服务业	4 111	7.5	28 346	0.8
卫生和社会工作	7 548	13.8	27 749	0.8
住宿和餐饮业	1 588	2.9	11 478	0.3
居民服务、修理和其他服务业	158	0.3	8 381	0.3
其他行业	436	0.8	13 599	0.4
合计	54 527	100.0	3 477 392	100.0

四、中国对外直接投资者的构成

2023 年末，中国对外直接投资者（以下简称境内投资者）近 3.1 万家，从其在中国市场监督管理部门登记注册情况看，私营企业占 34.7％，是中国对外投资占比最大、最为活跃的群体；有限责任公司占 28.5％，位列次席；股份有限公司占 13.2％；外商投资企业占 5.6％；国有企业占 5.4％；港/澳/台商投资企业占 4％；个体经营占 2.1％；股份合作企业占 0.9％，集体企业占 0.3％，联营企业占 0.1％，其他占 5.2％（见图 22、表 22）。

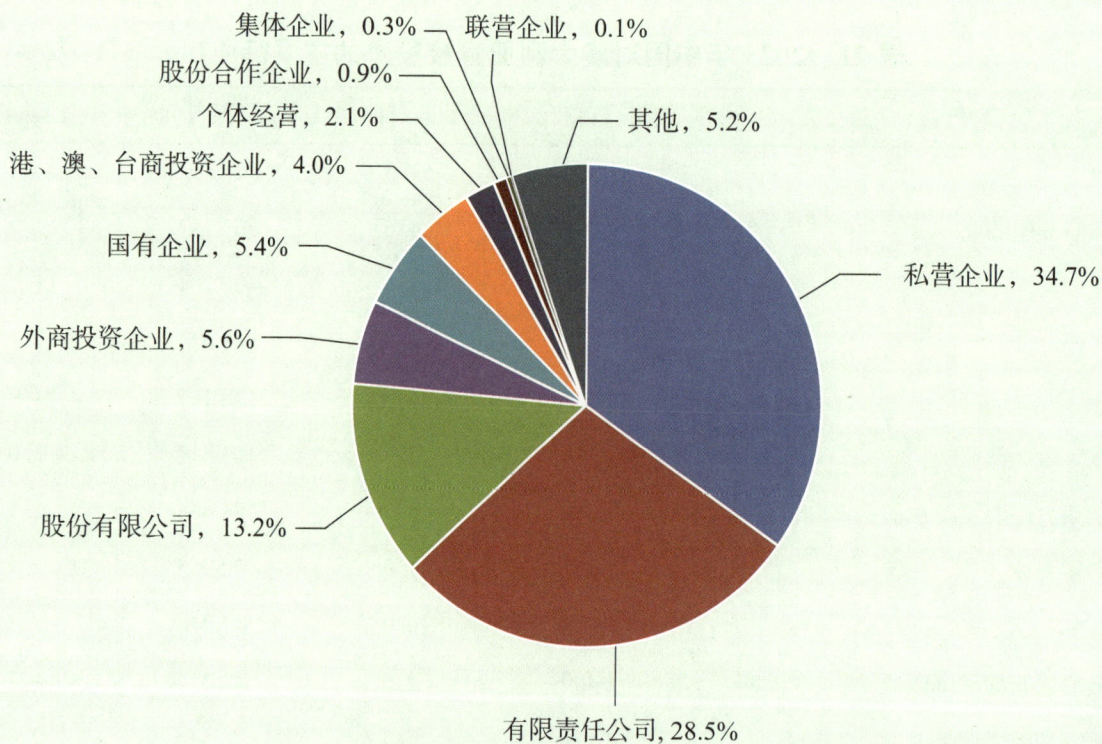

图 22　2023 年末境内投资者按登记注册类型构成

表 22　2023 年末中国境内投资者按登记注册类型分类情况

工商登记注册类型	数量/家	比重/%
私营企业	10 672	34.7
有限责任公司	8 759	28.5
股份有限公司	4 043	13.2
外商投资企业	1 721	5.6
国有企业	1 654	5.4
港、澳、台商投资企业	1240	4.0
个体经营	636	2.1
股份合作企业	288	0.9
集体企业	101	0.3
联营企业	33	0.1
其他	1 594	5.2
合计	30 741	100.0

　　在境内投资者中，中央企业及单位 168 家，仅占 0.5％。各省市的地方企业投资者占 99.5％。境内投资者数量前十位的省市依次为广东、上海、浙江、北京、江苏、山东、福建、天津、辽宁和四川，共占境内投资者总数的 82.3％。广东省境内投资者数量最多，逾 7400 家，占 24.1％；其次为上海市，超过 3700 家，占 12.2％；浙江省位列第三，超 3500 家，占 11.6％。

　　从境内投资者的行业分布看，从事制造业的境内主体对外投资最为活跃，占境内投资者数量的三成以上，主要分布在计算机/通信和其他电子设备制造业、专用设备制造业、通用设备制造业、医药制造业、电气机械和器材制造业、化学原料和化学制品制造业、金属制品业、橡胶和塑料制品业、纺织业、纺织服装/服饰业以及汽车制造业等；批发和零售业紧随其后，占 21.5％。此外，租赁和商务服务业占 14％，信息传输/软件和信息技术服务业占 9.8％，科学研究和技术服务业占 5.4％，农/林/牧/渔业占 3.6％，建筑业占 2.8％（见图 23、表 23）。

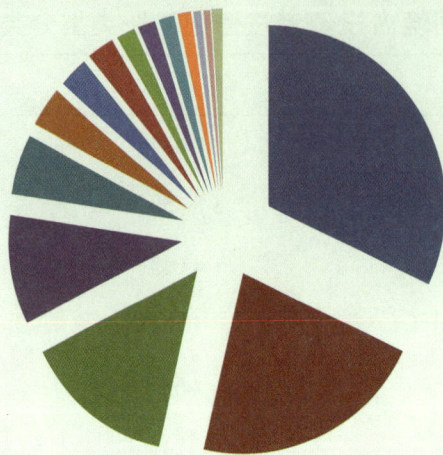

■制造业，32.1%　　　　　　　　　　　■批发和零售业，21.5%
■租赁和商务服务业，14.0%　　　　　　■信息传输、软件和信息技术服务业，9.8%
■科学研究和技术服务业，5.4%　　　　　■农、林、牧、渔业，3.6%
■建筑业，2.8%　　　　　　　　　　　　■交通运输、仓储和邮政业，2.5%
■房地产业，1.7%　　　　　　　　　　　■采矿业，1.6%
■居民服务、修理和其他服务业，1.5%　　■文化、体育和娱乐业，1.2%
■电力、热力、燃气及水的生产和供应业，0.7%　　■住宿和餐饮业，0.6%
■其他，1.0%

图 23　2023 年末境内投资者行业构成情况

表 23　2023 年末中国境内投资者行业构成情况

行业	数量/家	比重/%
制造业	9 856	32.1
批发和零售业	6 623	21.5
租赁和商务服务业	4 292	14.0
信息传输、软件和信息技术服务业	3 000	9.8
科学研究和技术服务业	1 667	5.4
农、林、牧、渔业	1 100	3.6
建筑业	861	2.8
交通运输、仓储和邮政业	773	2.5
房地产业	523	1.7
采矿业	492	1.6
居民服务、修理和其他服务业	459	1.5
文化、体育和娱乐业	383	1.2
电力、热力、燃气及水的生产和供应业	214	0.7
住宿和餐饮业	190	0.6
其他	308	1.0
合计	30 741	100.0

五、中国对外直接投资企业的构成

（一）国家（地区）分布

2023 年末，中国境内投资者共在全球 189 个国家（地区）设立对外直接投资企业（简称境外企业）4.8 万家，较上年末增加超 1000 家，遍布全球超过 80％的国家（地区）。其中，亚洲的境外企业覆盖率为 95.7％，欧洲为 87.8％，非洲为 85％，北美洲为 75％，拉丁美洲为 67.3％，大洋洲为 58.3％（见表 24、图 24）。

表 24　2023 年末中国境外企业各洲分布情况

洲别	2023 年末国家（地区）总数/个	境外企业覆盖的国家（地区）数量/个	覆盖率/%
亚　洲	48	45	95.7
欧　洲	49	43	87.8
非　洲	60	51	85.0
北 美 洲	4	3	75.0
拉丁美洲	49	33	67.3
大 洋 洲	24	14	58.3
合　计	234	189	80.8

注：1. 覆盖率为中国境外企业覆盖国家数量与国家（地区）总数的比率。
　　2. 亚洲国家（地区）数量包括中国，覆盖率计算基数未包括。

从境外企业的国家（地区）分布情况看，中国在亚洲设立的境外企业数量超 2.9 万家，占 60.8％，主要分布在中国香港、新加坡、越南、日本、泰国、印度尼西亚、马来西亚、韩国、柬埔寨、老挝、印度、阿拉伯联合酋长国、缅甸等。在中国香港设立的境外企业超 1.6 万家，占中国境外企业总数的 33％。

在北美洲设立的境外企业超 5700 家，占 11.8％，主要分布在美国和加拿大。中国企业在美国设立的境外企业数量仅次于中国香港。

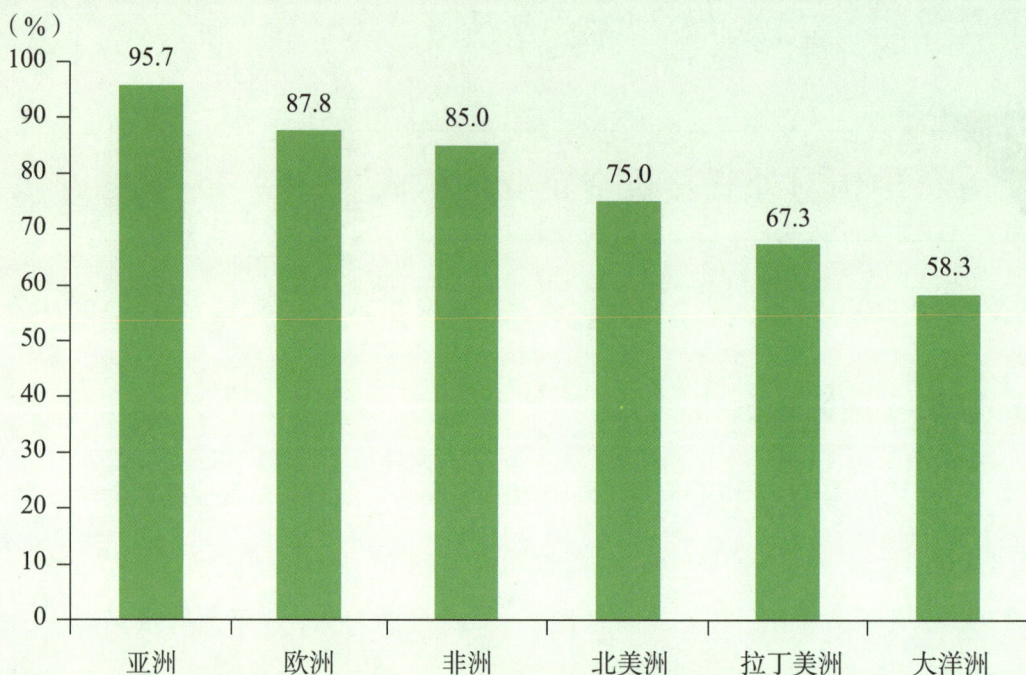

图 24　2023 年末中国境外企业在各洲覆盖比率

在欧洲设立的境外企业超 4700 家，占 9.8％，主要分布在德国、俄罗斯联邦、英国、荷兰、法国、意大利、卢森堡、西班牙等。

在拉丁美洲设立的境外企业超 4000 家，占 8.4％，主要分布在英属维尔京群岛、开曼群岛、巴西、墨西哥、秘鲁、智利、厄瓜多尔、阿根廷、玻利维亚等。

在非洲设立的境外企业近 3300 家，占 6.8％，主要分布在埃塞俄比亚、尼日利亚、肯尼亚、坦桑尼亚、赞比亚、南非、加纳、安哥拉、乌干达等。

在大洋洲设立的境外企业近 1200 家，占 2.4％，主要分布在澳大利亚、新西兰、巴布亚新几内亚、萨摩亚、斐济等（见表 25、图 25）。

表 25　2023 年末中国境外企业各洲构成情况

洲别	境外企业数量/家	比重/%
亚　　洲	29 396	60.8
北 美 洲	5713	11.8
欧　　洲	4 736	9.8
拉丁美洲	4 087	8.4
非　　洲	3 266	6.8
大 洋 洲	1 167	2.4
总　　计	48 365	100.0

2023 年末，中国设立境外企业数量前二十位的国家（地区）依次为中国香港、美国、新加坡、英属维尔京群岛、开曼群岛、越南、德国、日本、俄罗斯联邦、泰国、澳大利亚、印度尼西亚、马来西亚、韩国、柬埔寨、加拿大、英国、老挝、印度、阿拉伯联合酋长国，合计近 3.8 万家，占中国在境外设立企业总数的 77.6％。

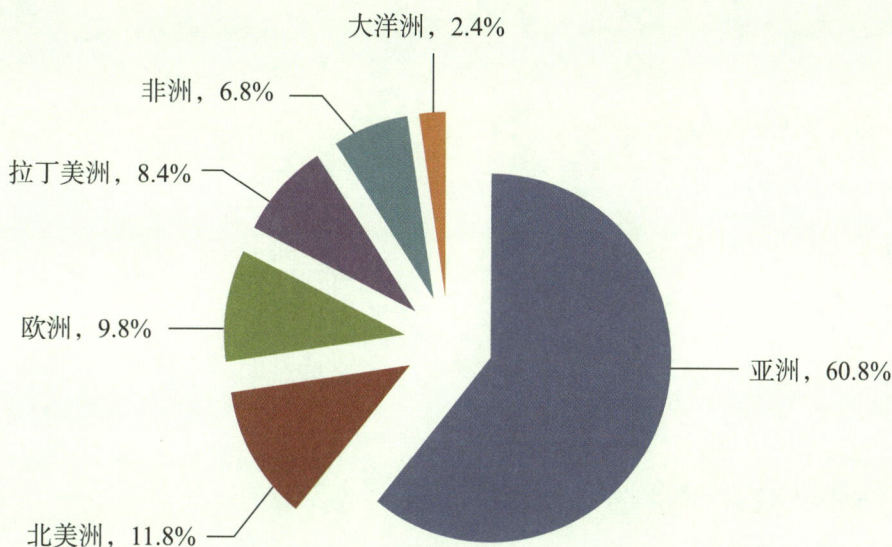

图 25　2023 年末中国境外企业各洲分布情况

（二）行业分布

从中国境外企业分布的主要行业情况看，批发和零售业、制造业、租赁和商务服务业依然是境外企业最为集中的行业，合计数量近 2.9 万家，占境外企业总数的 59.9％。其中，批发和零售业超 1.3 万家，占中国境外企业总数的 27.6％；制造业 9300 余家，占 19.3％；租赁和商务服务业超过 6200 家，占 12.9％。此外，建筑业占 8％；信息传输/软件和信息技术服务业占 7.6％；科学研究和技术服务业占 6.1％；农/林/牧/渔业占 3.5％；交通运输/仓储和邮政业占 3.3％；采矿业占 2.6％；金融业占 1.7％；电力/热力/燃气及水的生产和供应业占 1.7％；居民服务/修理和其他服务业占 1.7％（见表 26）。

表 26   2023 年末中国境外企业的行业分布情况

行业	境外企业数量/家	比重/%
批发和零售业	13 369	27.6
制造业	9 346	19.3
租赁和商务服务业	6 252	12.9
建筑业	3 885	8.0
信息传输、软件和信息技术服务业	3 682	7.6
科学研究和技术服务业	2 936	6.1
农、林、牧、渔业	1 694	3.5
交通运输、仓储和邮政业	1 598	3.3
采矿业	1 234	2.6
金融业	841	1.7
电力、热力、燃气及水的生产和供应业	814	1.7
居民服务、修理和其他服务业	796	1.7
房地产业	661	1.4
文化、体育和娱乐业	485	1.0
住宿和餐饮业	292	0.6
教育	216	0.5
水利、环境和公共设施管理业	151	0.3
卫生和社会工作	113	0.2
总计	**48 365**	**100.0**

（三）省份分布

2023 年末，境内投资者在境外设立非金融类企业 4.75 万家，从境外非金融类企业隶属情况看，地方企业占 87.4%，中央企业和单位占 12.6%。广东、浙江、上海、北京、江苏、山东、福建、天津、辽宁、四川位列地方境外企业数量前十，合计占境外企业总数的 71.6%。广东是拥有境外企业数量最多的省份，占境外企业总数的 19%；其次为浙江，占 10.9%；上海位列第三，占 10.2%（见图 26）。

单位：家

省份	数量
广东省	9024
浙江省	5181
上海市	4863
北京市	4368
江苏省	4170
山东省	2721
福建省	1227
天津市	899
辽宁省	838
四川省	750
河北省	685
湖南省	646
河南省	626
其他	5530

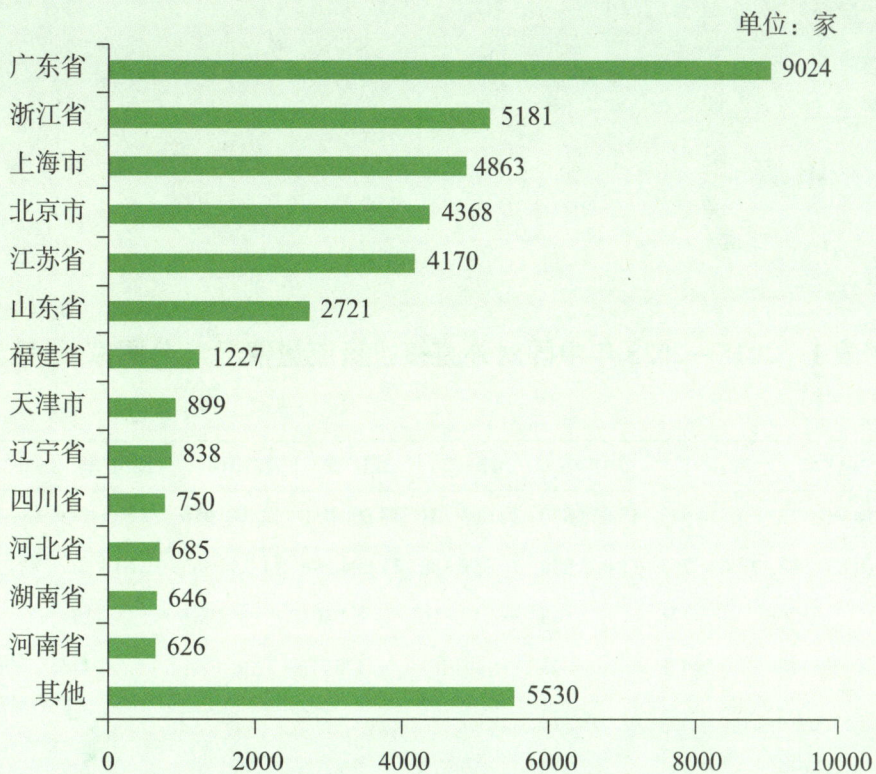

图 26　2023 年末中国主要省份设立境外企业数量

六、附表

附表1　2015—2023 年中国对外直接投资流量情况（分国家/地区）

单位：万美元

国家（地区）	2015 年	2016 年	2017 年	2018 年	2019 年	2020 年	2021 年	2022 年	2023 年
合计	14 566 715	19 614 943	15 828 830	14 303 731	13 690 756	15 371 026	17 881 932	16 312 100	17 728 784
亚洲	10 837 087	13 026 769	11 003 986	10 550 488	11 084 094	11 234 365	12 810 205	12 428 354	14 159 587
阿富汗	−326	221	543	−16	2 408	254	−255	894	169
阿拉伯联合酋长国	126 868	−39 138	66 123	108 101	120 741	155 195	89 414	160 745	177 783
阿曼	1 095	462	1 273	5 191	−315	8 710	4 086	1 298	1 802
巴基斯坦	32 074	63 294	67 819	−19 873	56 216	94 766	72 739	56 337	32 467
巴勒斯坦	—	20	—	—	—	—	—	—	—
巴林	—	3 646	3 696	−235	−34	19	6 111	1	594
朝鲜	4 121	2 844	129	28	—	—	—	—	238
东帝汶	3 381	5 533	1 952	−1 032	−1 630	3 631	577	−428	−616
菲律宾	−2 759	3 221	10 884	5 882	−429	13 043	15 286	27 089	15 599
哈萨克斯坦	−251 027	48 770	207 047	11 835	78 649	−11 529	82 224	35 598	161 670
韩国	132 455	114 837	66 080	103 366	56 180	13 914	47 804	53 714	65 945
吉尔吉斯斯坦	15 155	15 874	12 370	10 016	21 566	25 246	7 643	1 006	−4 208
柬埔寨	41 968	62 567	74 424	77 834	74 625	95 642	46 675	63 218	137 791
卡塔尔	14 085	9 613	−2 663	−36 810	2 932	9 467	11 682	−2 125	−9 128
科威特	14 444	5 055	17 508	19 208	−10 052	12 221	3 788	11 461	−28 997
老挝	51 721	32 758	121 995	124 179	114 908	145 430	128 232	25 343	116 153
马尔代夫	—	3 341	3 195	−155	694	−2 142	2 309	−335	−2 295
马来西亚	48 891	182 996	172 214	166 270	110 954	137 441	133 625	160 639	142 683
蒙古国	−2 319	7 912	−2 789	−45 713	12 806	832	2 468	2 792	18 890
孟加拉国	3 119	4 080	9 903	54 365	37 549	45 060	24 071	32 170	31 340
缅甸	33 172	28 769	42 818	−19 724	−4 194	25 080	1 846	6 198	15 339
尼泊尔	7 888	−4 882	755	5 122	20 678	5 226	4 996	11 527	−162
日本	24 042	34 401	44 405	46 841	67 378	48 683	76 214	39 648	45 842

附表 1 续 1

单位：万美元

国家（地区）	2015 年	2016 年	2017 年	2018 年	2019 年	2020 年	2021 年	2022 年	2023 年
塞浦路斯	176	525	60 341	11 390	8 242	9 466	3 228	409	192
沙特阿拉伯	40 479	2 390	−34 518	38 307	65 437	39 026	51 429	−16 148	43 078
斯里兰卡	1 747	−6 023	−2 527	783	9 280	9 817	16 611	−4 357	9 587
塔吉克斯坦	21 931	27 241	9 501	38 824	6 961	−26 402	23 743	41 875	17 035
泰国	40 724	112 169	105 759	73 729	137 191	188 288	148 601	127 180	201 759
土耳其	62 831	−9 612	19 091	35 282	2 883	39 126	22 544	75 029	23 168
土库曼斯坦	−31 457	−2 376	4 672	−3 830	−9 315	21 104	−1 760	953	19 773
文莱	392	14 210	7 136	−1 509	−405	1 658	375	416	699
乌兹别克斯坦	12 789	17 887	−7 575	9 901	−44 583	−3 677	36 903	36 974	32 239
新加坡	1 045 248	317 186	631 990	641 126	482 567	592 335	840 504	829 538	1 309 714
叙利亚	−356	−69	53	−1	1 270	49	−12	−68	10
也门	−10 216	−41 315	2 725	1 045	−7 881	−292	−1 158	−401	1 398
伊拉克	1 231	−5 287	−881	773	88 709	41 458	17 818	32 476	−2 456
伊朗	−54 966	39 037	−36 829	−56 733	−5 917	33 639	24 212	1 968	32 214
以色列	22 974	184 130	14 737	41 057	19 168	26 710	−47 014	27 986	17 402
印度	70 525	9 293	28 998	20 620	53 460	20 519	27 946	−33 120	6 037
印度尼西亚	145 057	146 088	168 225	186 482	222 308	219 835	437 251	454 960	313 307
约旦	158	613	1 516	8 562	3 093	−11 951	−2 022	5 045	7 567
越南	56 017	127 904	76 440	115 083	164 852	187 575	220 762	170 301	259 307
中国澳门	108 065	82 150	−102 447	81 067	59 445	82 684	88 192	212 752	75 588
中国台湾	26 712	1 175	22 621	6 933	10 693	22 622	21 186	24 199	−3 629
中国香港	8 978 978	11 423 259	9 115 278	8 686 917	9 055 008	8 914 586	10 119 088	9 753 423	10 876 698
非洲	**297 792**	**239 873**	**410 500**	**538 911**	**270 442**	**422 560**	**498 664**	**181 183**	**395 882**
阿尔及利亚	21 057	−9 989	−14 053	17 865	−12 362	1 864	18 471	2 145	20 928
埃及	8 081	11 983	9 276	22 197	1 096	2 743	19 571	22 979	20 396
埃塞俄比亚	17 529	28 214	18 108	34 125	37 530	31 080	−9 039	−13 917	10 038
安哥拉	5 774	16 449	63 755	27 034	38 324	12 536	12 349	−31 500	35 135
贝宁	1 476	997	133	480	−1 979	1 064	3 251	8 044	2 046
博茨瓦纳	8 608	10 620	−2 220	−486	682	2 655	−1 401	977	358
布基纳法索	—	20	—	—	126	35	528	280	−112
布隆迪	206	239	−58	406	−190	622	861	297	−78
赤道几内亚	−1 304	−2 491	7 111	380	−4 460	−4 912	22	−4 051	−388
多哥	−173	238	1 143	−659	828	911	−490	859	416
厄立特里亚	991	6 842	−13	614	−57	4 461	3 773	14 700	13 099

附表 1　续 2

单位：万美元

国家（地区）	2015 年	2016 年	2017 年	2018 年	2019 年	2020 年	2021 年	2022 年	2023 年
佛得角	—	5	—	0	124	48	−41	30	−7
冈比亚	—	228	232	1 443	−451	279	47	254	177
刚果（布）	15 008	4 913	28 417	−29 264	9 459	24 749	16 611	−8 110	23 478
刚果（金）	21 371	−7 892	34 024	64 301	93 096	61 151	104 575	39 111	16 000
吉布提	2 033	6 224	10 464	−8 106	2 664	−216	855	423	367
几内亚	−2 572	3 667	28 656	20 317	5 304	−29 512	48 717	3 911	2 636
几内亚比绍	224	61	623	257	—	−244	8	81	350
加纳	28 322	49 061	4 420	12 425	2 941	−671	12 775	8 853	4 198
加蓬	4 879	3 243	5 542	−6 954	1 666	778	−1 819	4 301	740
津巴布韦	4 675	4 295	−10 788	5 383	8 113	7 625	10 310	8 813	18 690
喀麦隆	2 467	11 423	8 799	14 179	−3 369	4 471	−2 344	−11 099	7 385
科摩罗	—	—	—	93	13	−5	−16	53	4
科特迪瓦	6 024	5 653	11 269	16 368	8 526	7 886	6 417	22 316	10 073
肯尼亚	28 181	2 967	41 010	23 204	1 037	62 962	34 822	−32 284	19 178
莱索托	8	—	—	—	—	1 165	1 045	557	−537
利比里亚	9 818	1 114	3 982	1 435	1 120	3 346	678	1 216	−1 396
利比亚	−4 106	−1 705	−17 640	2 823	−12 934	7 289	−1 322	−279	−1 777
卢旺达	406	−919	988	4 542	1 701	−655	3 614	−1 446	1 347
马达加斯加	3 384	−655	7 120	5 560	−16	13 598	−962	−6 239	3 304
马拉维	5	240	4 307	146	−10 058	902	1 495	2 581	363
马里	−3 401	1 295	1 434	−8 404	1 849	1 804	1 622	5 319	3 090
毛里求斯	15 477	7 233	3 327	17 821	18 589	4 577	23 856	10 405	17 317
毛里塔尼亚	216	10 879	3 807	2 323	−746	5 320	−1 229	2 714	1 446
摩洛哥	2 603	1 016	5 986	9 078	−9 516	12 814	3 322	158	24 159
莫桑比克	6 843	4 425	11 747	54 563	−4 670	4 328	−403	7 417	5 631
纳米比亚	1 785	2 168	2 009	−2 482	−110	171	807	898	653
南非	23 317	84 322	31 736	64 206	33 891	40 043	36 359	68 309	35 390
南苏丹	1 308	203	1 221	−1 312	549	268	856	−216	116
尼日尔	2 369	−2 356	5 084	11 544	17 836	23 514	28 252	56 706	48 580
尼日利亚	5 058	10 850	13 795	19 470	12 327	30 894	20 167	11 964	18 558
塞拉利昂	807	−180	1 627	394	76	−832	1 232	−2 278	731
塞内加尔	−794	1 985	6 541	8 393	−8 488	21 340	1 177	−21 122	5 857
塞舌尔	4 958	5 041	2 705	22 798	198	8 755	11 281	1 546	4 047
圣多美和普林西比	—	—	—	—	6	155	—	—	—
苏丹	3 171	−68 994	25 487	5 712	−7 078	283	9 429	−17 190	7 656

附表 1 续 3

单位：万美元

国家（地区）	2015 年	2016 年	2017 年	2018 年	2019 年	2020 年	2021 年	2022 年	2023 年
坦桑尼亚	22 632	9 457	13 246	17 747	11 558	10 757	10 174	5 173	6 015
突尼斯	564	−322	−82	596	1 996	−692	652	−556	−1 221
乌干达	20 534	12 151	7 904	22 580	14 322	9 778	210	10 601	−1 307
赞比亚	9 655	21 841	30 580	52 373	14 339	21 426	58 280	19 146	11 688
乍得	−1 712	−6 226	−2 305	6 777	4 981	9 839	9 350	−11 668	1 051
中非	30	40	42	4 632	56	14	−90	—	13
欧洲	**711 843**	**1 069 323**	**1 846 319**	**658 839**	**1 051 992**	**1 269 565**	**1 087 480**	**1 033 598**	**996 861**
阿尔巴尼亚	—	1	21	172	69	10	—	16	
阿塞拜疆	136	−2 466	−20	−105	86	1 728	−64	943	529
爱尔兰	1 430	33 193	24 134	7 516	6 428	6 760	22 558	10 416	38 077
爱沙尼亚	—	—	12	5 322	202	—	—	−14	6
奥地利	10 432	19 172	41 219	13 814	3 239	7 481	19 539	−13 497	6 833
白俄罗斯	5 421	16 094	14 272	6 773	18 175	−815	4 241	−4 257	389
保加利亚	5 916	−1 503	8 887	−168	246	57	25	−594	161
北马其顿	−1	—	—	183	−1 338	−400	272	−975	777
比利时	2 346	2 835	3 034	563	5 985	7 603	11 160	1 695	2 893
冰岛	—	—	—	73	—	—	—	—	—
波黑	162	85	—	—	1 219	858	482	163	2 311
波兰	2 510	−2 411	−433	11 783	11 160	14 256	2 941	12 773	11 241
丹麦	−2 416	12 573	1 521	3 048	6 026	6 322	1 578	4 802	1 170
德国	40 963	238 058	271 585	146 799	145 901	137 560	271 113	197 864	64 133
俄罗斯联邦	296 086	129 307	154 842	72 524	−37 923	57 032	−107 230	23 362	62 879
法国	32 788	149 957	95 215	−7 502	8 722	14 779	−15 167	4 848	−10 902
芬兰	3 868	3 667	2 347	14 104	3 404	4 066	6 518	4 769	8 890
格鲁吉亚	4 398	2 077	3 846	8 023	5 690	4 136	7 654	11 859	23 418
荷兰	1 346 284	116 972	−22 312	103 834	389 317	493 833	170 393	−104 980	89 658
黑山	—	—	1 665	1 272	2 266	6 725	5 909	−679	2 696
捷克	−1 741	185	7 295	11 302	6 053	5 279	−2 539	−1 302	28 955
克罗地亚	—	22	3 184	2 239	2 869	15 446	1 515	522	1 086
拉脱维亚	45	—	8	1 068	—	564	482	8	146
立陶宛	—	225	—	−447	—	33	20	212	1 066
列支敦士登	64	370	—	—	—	2 726	163	12	—
卢森堡	−1 145 317	160 188	135 340	248 733	68 587	70 095	149 932	325 036	233 160
罗马尼亚	6 332	1 588	1 586	157	8 411	1 310	513	1 159	9 879
马耳他	503	15 480	167	1 011	−118	89	282	−98	314

附表 1　续 4

单位：万美元

国家（地区）	2015 年	2016 年	2017 年	2018 年	2019 年	2020 年	2021 年	2022 年	2023 年
摩尔多瓦	—	—	—	—	—	—	30	1	—
挪威	-167 589	-85 123	-54 921	-4 168	-74 444	-18 719	79	107	1 007
葡萄牙	1 072	1 137	104	1 171	1 855	118	275	144	2 631
瑞典	31 719	12 768	129 026	106 395	191 571	192 999	128 077	185 090	74 357
瑞士	24 677	6 806	751 418	-321 206	67 825	107 455	182 084	13 368	38 952
塞尔维亚	763	3 079	7 921	15 341	3 360	13 931	20 576	15 939	45 848
斯洛伐克	—	—	68	1 462	-53	20	33	1	21
斯洛文尼亚	—	2 186	39	1 328	2 684	-13 294	304	-59	9 024
乌克兰	-76	192	475	2 745	5 332	2 106	-47	96	3 391
西班牙	14 967	12 541	5 879	53 768	11 491	10 295	7 917	7 188	-257
希腊	-137	2 939	2 857	6 030	57	717	656	-137	456
匈牙利	2 320	5 746	6 559	9 495	12 315	-415	5 353	26 046	41 076
亚美尼亚	—	—	395	1 964	—	153	698	1 689	89
意大利	9 101	63 344	42 454	29 761	64 979	24 446	-1 202	27 755	33 998
英国	184 816	148 039	206 630	102 664	110 345	92 222	190 355	282 306	166 505
拉丁美洲	1 261 036	2 722 705	1 407 659	1 460 847	639 407	1 665 651	2 615 851	1 634 515	1 347 731
阿根廷	20 832	18 152	21 479	14 113	35 355	40 124	29 568	5 919	-4 276
安提瓜和巴布达	—	40	—	36	—	—	—	—	1 662
巴巴多斯	-28	1 441	1 610	256	-813	-6	22 371	-17 501	4 770
巴哈马	—	658	24	280	-132	—	-17	—	-532
巴拉圭	—	—	—	84	-84	68	—	-129	95
巴拿马	2 382	3 738	5 774	12 724	331	11 788	23 988	21 930	-31 744
巴西	-6 328	12 477	42 627	42 772	85 993	31 264	14 645	22 386	50 674
玻利维亚	3 432	5 538	-2 628	3 755	5 186	3 619	2 640	4 122	9 344
多米尼加	—	—	—	—	21	305	-195	216	-371
多米尼克	—	—	—	—	—	—	—	79	-2
厄瓜多尔	11 811	7 789	-13 110	3 268	-6 120	-211	6 137	1 680	10 040
哥伦比亚	370	-284	1 372	-8 101	1 919	85	-14 264	7 862	28 390
哥斯达黎加	384	136	1 024	1 521	679	2 849	-60	-215	214
格林纳达	—	10	11	57	303	—	182	-137	-6
古巴	4 243	974	-650	3 323	-1 152	1 137	4 395	6 856	454
圭亚那	-389	651	2 251	2 859	-444	6 364	-1 038	-306	1 959
洪都拉斯		2 771		4 906	483	-1 092	299	—	—

附表 1　续 5

単位：万美元

国家（地区）	2015 年	2016 年	2017 年	2018 年	2019 年	2020 年	2021 年	2022 年	2023 年
开曼群岛	1 021 303	1 352 283	−660 596	547 312	−435 668	856 222	1 075 356	576 238	873 084
秘鲁	−17 776	6 737	9 826	8 481	35 200	32 170	45 446	20 782	7 554
墨西哥	−628	21 184	17 133	37 845	16 356	26 456	23 183	48 852	107 889
尼加拉瓜	55	101	1	13	293	−23	24	—	70
圣卢西亚	15	75	329	—	−58	—	—	—	—
圣文森特和格林纳丁斯	303	−253	337	122	—	—	−34	−318	−497
苏里南	2 009	343	5 253	−173	4 058	−121	−178	121	100
特立尼达和多巴哥	915	210	1 240	1 517	2 336	−1 047	471	602	1 317
危地马拉	—	—	—	—	−4	469	—	47	96
委内瑞拉	28 830	−9 986	27 448	32 807	−22 376	−44 600	−24 112	−4 105	299
乌拉圭	3 615	4 927	−1 422	3 573	189	324	1 872	919	−1 854
牙买加	—	41 864	8 246	15 621	−11 247	−278	−916	538	4 828
英属安圭拉	100	584	—	90	−28	—	—	—	—
英属维尔京群岛	184 900	1 228 849	1 930 117	714 978	868 257	697 562	1 397 101	911 595	254 610
智利	685	21 696	9 963	16 806	60 572	2 226	8 988	26 482	29 564
北美洲	**1 071 848**	**2 035 096**	**649 827**	**872 383**	**436 713**	**634 312**	**658 090**	**727 119**	**778 173**
百慕大群岛	112 698	49 865	−24 805	−31 683	8 756	11 443	6 638	−16 765	51 512
加拿大	156 283	287 150	32 083	156 350	47 288	21 002	93 017	14 676	35 368
美国	802 867	1 698 081	642 549	747 717	380 668	601 867	558 435	729 208	691 293
大洋洲	**387 109**	**521 177**	**510 539**	**222 263**	**208 108**	**144 573**	**211 642**	**307 331**	**50 550**
澳大利亚	340 131	418 688	424 196	198 597	208 667	119 859	192 254	278 588	54 527
巴布亚新几内亚	4 177	−4 368	10 161	−7 904	−6 468	−15 370	−18 188	18 129	−22 455
斐济	1 240	4 461	1 706	1 623	1 746	2 280	3 716	−1 593	−3 591
基里巴斯	—	—	—	—	1 542	1 805	2 906	2 794	248
马绍尔群岛	−5 682	260	798	1 210	1 684	3 849	1 956	1 238	804
密克罗尼西亚联邦	355	—	−1 474	—	63	−68	62	67	83
瑙鲁	—	—	—	—	—	36	1 300	−154	−363
帕劳	150	50	8	29	21	—	—	15	10
萨摩亚	9 586	10 924	12 840	1 236	−530	−13 473	3 243	−3 804	−2 592
所罗门群岛	—	—	—	—	10	226	−347	152	4 033
汤加	98	35	112	5	21	71	1 752	−8	95
瓦努阿图	2 245	542	2 532	1 721	212	66	528	254	896
新西兰	34 809	90 585	59 661	25 746	1 140	45 292	22 461	11 654	18 856

附表 2 2015—2023 年末中国对外直接投资存量情况（分国家/地区）

单位：万美元

国家（地区）	2015 年	2016 年	2017 年	2018 年	2019 年	2020 年	2021 年	2022 年	2023 年
合计	109 786 459	135 739 045	180 903 652	198 226 585	219 888 069	258 065 844	278 514 971	275 481 407	295 539 978
亚洲	76 890 132	90 944 547	113 932 379	127 613 437	146 022 156	164 489 400	177 201 520	183 185 842	201 484 334
阿富汗	41 993	44 050	40 364	40 444	41 894	43 284	43 500	44 772	43 373
阿拉伯联合酋长国*	460 284	488 830	537 283	643 606	763 567	928 324	984 494	1 188 469	890 978
阿曼	20 077	8 663	9 904	15 068	11 634	23 698	28 530	26 760	22 037
巴基斯坦*	403 593	475 911	571 584	424 682	479 798	621 894	748 538	682 251	630 224
巴勒斯坦	4	23	4	4	—	—	—	—	—
巴林	387	3 736	7 437	7 196	7 074	7 094	13 469	13 078	13 656
朝鲜	62 500	67 915	60 653	56 601	46 228	47 955	45 204	43 798	34 329
东帝汶	10 028	14 794	17 417	16 668	8 085	12 918	10 140	9 528	4 956
菲律宾	71 105	71 893	81 960	83 002	66 409	76 713	88 390	111 283	119 325
哈萨克斯坦*	509 546	543 227	756 145	734 108	725 413	586 937	748 743	697 869	790 974
韩国	369 804	423 724	598 347	671 011	667 340	705 473	660 150	667 415	698 868
吉尔吉斯斯坦	107 059	123 782	129 938	139 308	155 003	176 733	153 142	153 701	148 459
柬埔寨*	367 586	436 858	544 873	597 368	646 370	703 852	696 559	744 411	796 779
卡塔尔	44 993	102 565	110 549	43 598	45 892	61 851	78 946	94 391	76 045
科威特	54 362	57 810	93 623	109 184	83 451	84 923	85 356	104 300	62 807
老挝*	484 171	550 014	665 495	830 976	824 959	1 020 142	993 974	957 837	1 000 530
黎巴嫩	378	301	201	222	222	222	44	44	44
马尔代夫	237	3 578	6 743	7 477	8 247	4 398	7 204	6 335	5 687
马来西亚	223 137	363 396	491 470	838 724	792 369	1 021 184	1 035 515	1 205 046	1 347 794
蒙古国	376 006	383 859	362 280	336 507	343 054	323 610	156 952	148 705	150 022
孟加拉国*	18 843	22 517	32 907	87 023	124 830	171 058	220 448	299 466	426 561
缅甸*	425 873	462 042	552 453	468 006	413 445	380 904	398 821	397 252	381 605
尼泊尔	29 193	24 705	22 762	37 919	53 866	43 470	46 335	43 553	40 261
日本*	303 820	318 401	319 734	349 052	409 805	419 672	488 287	507 519	576 659
塞浦路斯	10 915	11 005	71 869	84 543	106 147	20 274	13 124	13 546	13 911
沙特阿拉伯*	243 439	260 729	203 827	259 456	252 773	293 091	352 419	300 796	318 594
斯里兰卡	77 251	72 891	72 835	46 893	55 147	52 342	63 976	52 862	52 418
塔吉克斯坦	90 909	116 703	161 609	194 483	194 608	156 801	162 722	189 289	228 887
泰国	344 012	453 348	535 847	594 670	718 585	882 555	991 721	1 056 778	1 265 743
土耳其	132 884	106 138	130 135	173 368	186 786	215 187	192 136	300 356	301 688
土库曼斯坦	13 304	24 908	34 272	31 193	22 656	33 647	29 417	22 524	42 428

附表 2 续 1

单位：万美元

国家（地区）	2015 年	2016 年	2017 年	2018 年	2019 年	2020 年	2021 年	2022 年	2023 年
文莱	7 352	20 377	22 067	22 045	42 696	38 812	9 628	10 385	11 236
乌兹别克斯坦	88 204	105 771	94 607	368 988	324 621	326 464	280 772	450 813	247 496
新加坡*	3 198 491	3 344 564	4 456 809	5 009 383	5 263 656	5 985 785	6 720 228	7 344 991	8 644 682
叙利亚	1 100	1 031	1 031	87	1 357	1 406	1 392	1 324	197
也门	45 330	3 921	61 255	62 300	54 419	54 127	52 969	52 546	53 955
伊拉克*	38 812	55 781	41 437	59 854	137 752	173 789	194 183	250 737	216 867
伊朗	294 919	333 081	362 350	323 429	305 562	352 724	341 997	339 360	392 385
以色列*	31 718	422 988	414 869	461 998	377 502	386 913	344 770	338 502	279 298
印度*	377 047	310 751	474 733	466 280	361 009	318 331	351 889	348 339	320 626
印度尼西亚*	812 514	954 554	1 053 880	1 281 128	1 513 255	1 793 883	2 008 048	2 472 206	2 634 626
约旦	3 255	3 949	6 440	14 198	31 173	20 372	18 359	22 927	30 026
越南*	337 356	498 363	496 536	560 543	707 371	857 456	1 085 211	1 166 072	1 359 399
中国澳门	573 912	678 339	968 029	886 578	985 168	1 053 234	1 123 624	1 268 642	1 394 658
中国台湾	96 905	98 272	127 247	135 157	125 440	152 809	164 433	167 679	161 091
中国香港*	65 685 524	78 074 489	98 126 568	110 039 108	127 535 518	143 853 092	154 965 764	158 867 384	175 252 154
非洲	**3 469 440**	**3 987 747**	**4 329 650**	**4 610 353**	**4 439 022**	**4 339 920**	**4 418 621**	**4 090 118**	**4 211 535**
阿尔及利亚	253 155	255 248	183 366	206 286	177 535	164 352	171 602	162 192	169 996
埃及	66 315	88 891	83 484	107 926	108 580	119 172	127 344	120 337	128 731
埃塞俄比亚	113 013	200 065	197 556	256 816	255 887	299 280	281 090	262 032	257 437
安哥拉*	126 829	163 321	226 016	229 919	289 073	269 009	271 009	194 617	255 412
贝宁	8 731	10 251	10 437	10 399	9 144	7 546	8 471	16 862	15 871
博茨瓦纳	32 108	43 750	29 687	25 816	18 628	19 043	15 352	14 343	16 027
布基纳法索	—	20	20	20	149	171	705	664	588
布隆迪	1 237	1 242	1 029	1 252	820	1 052	1 691	1 959	1 824
赤道几内亚	23 163	23 659	39 597	55 285	40 413	33 601	28 065	23 515	23 570
多哥	12 882	11 857	11 285	10 207	10 116	9 945	6 728	5 599	5 485
厄立特里亚	11 941	37 845	21 655	22 394	22 329	19 986	20 817	32 043	41 663
佛得角	1 518	1 523	1 463	1 463	234	282	131	162	155
冈比亚	124	384	536	2 479	1 390	1 903	1 938	1 997	2 121
刚果（布）	108 867	78 291	112 606	79 510	60 984	113 088	96 709	39 522	68 001
刚果（金）*	323 935	351 498	388 411	444 446	559 660	368 813	425 936	412 983	391 481
吉布提	6 046	12 540	23 286	17 849	12 526	9 883	8 243	8 582	8 747
几内亚*	38 272	41 774	67 545	74 244	76 326	47 282	95 933	104 504	66 086

附表 2　续 2

单位：万美元

国家（地区）	2015 年	2016 年	2017 年	2018 年	2019 年	2020 年	2021 年	2022 年	2023 年
几内亚比绍	6 906	7 016	7 639	6 521	2 671	2 427	2 425	2 506	2 659
加纳	127 449	195 827	157 536	179 747	183 129	158 403	109 354	105 826	87 579
加蓬	24 442	25 683	38 535	25 866	25 221	25 919	21 831	15 216	13 908
津巴布韦*	179 892	183 900	174 834	176 625	177 148	179 580	170 751	160 485	103 849
喀麦隆	20 734	36 674	42 436	49 921	30 390	44 274	43 355	38 968	54 458
科摩罗	453	453	453	545	183	118	104	133	135
科特迪瓦	12 678	17 966	30 368	44 154	56 434	66 685	79 319	80 851	89 024
肯尼亚	109 904	110 270	154 345	175 588	162 423	215 430	225 981	178 242	172 819
莱索托	1 115	663	653	653	593	1 758	1 451	937	400
利比里亚	28 899	29 730	31 963	26 039	16 765	16 888	16 278	15 578	14 073
利比亚	10 577	21 112	36 675	42 568	29 943	15 537	13 879	8 754	7 253
卢旺达	12 357	8 936	9 925	14 682	16 751	17 080	20 310	18 188	17 363
马达加斯加	34 770	29 763	76 630	80 335	27 291	39 074	32 287	28 194	25 367
马拉维*	25 815	25 905	29 112	29 210	16 145	17 316	17 672	19 659	23 888
马里	30 733	32 001	39 486	30 147	30 500	30 821	43 861	47 803	43 881
毛里求斯	109 658	117 620	96 087	99 766	129 168	88 671	105 882	151 566	189 779
毛里塔尼亚	10 583	19 336	23 585	23 261	18 140	18 295	14 277	18 375	21 020
摩洛哥	15 629	16 270	31 821	38 229	30 329	38 347	34 920	28 270	51 329
莫桑比克*	72 452	78 226	87 291	141 017	114 675	131 749	126 360	118 035	146 822
纳米比亚	38 044	45 357	48 047	42 615	36 359	35 489	22 051	17 692	17 235
南非*	472 297	650 084	747 277	653 168	614 657	541 722	529 417	574 169	584 164
南苏丹	3 598	3 703	4 768	3 569	2 688	2 560	8 072	5 674	6 125
尼日尔	56 544	52 530	66 565	75 840	95 671	117 662	142 390	185 356	230 402
尼日利亚	237 676	254 168	286 153	245 349	219 400	236 754	269 579	232 399	266 233
塞拉利昂	19 630	18 882	18 422	16 806	16 532	13 417	10 644	8 750	8 969
塞内加尔	12 602	14 959	21 430	31 465	23 424	42 676	43 885	17 681	20 249
塞舌尔	16 011	24 665	23 127	45 191	41 405	43 951	49 269	48 614	53 202
圣多美和普林西比	38	38	38	38	44	199	69	51	—
苏丹	180 936	110 434	120 156	132 507	120 309	112 030	111 552	88 595	95 214
坦桑尼亚	113 887	119 199	128 030	130 275	133 554	154 100	157 707	144 082	152 498
突尼斯	2 084	1 630	1 508	2 153	3 662	2 909	3 347	2 620	875
乌干达	72 215	100 647	57 594	79 817	66 994	71 196	63 312	69 244	58 603
赞比亚*	233 802	268 716	296 344	352 302	286 379	305 500	302 957	197 957	153 478

附表 2 续 3

单位：万美元

国家（地区）	2015 年	2016 年	2017 年	2018 年	2019 年	2020 年	2021 年	2022 年	2023 年
乍得	42 272	39 664	41 225	59 259	64 852	65 481	61 132	56 776	45 070
中非	4 622	3 561	1 612	8 813	1 398	1 499	1 174	958	412
欧洲	8 367 897	8 720 192	11 085 468	11 279 692	11 438 386	12 243 189	13 479 438	14 107 293	14 767 913
阿尔巴尼亚	695	727	478	642	711	600	485	66	67
阿塞拜疆	6 370	2 842	2 799	918	780	2 506	2 103	2 892	3 479
爱尔兰	24 832	57 377	88 263	97 277	107 401	151 794	174 577	167 618	203 857
爱沙尼亚	350	350	362	5 684	6 333	532	532	518	169
奥地利	32 799	53 051	85 149	46 163	49 218	67 523	72 006	52 392	57 297
白俄罗斯	47 589	49 793	54 841	50 378	65 180	60 728	64 605	74 759	79 292
保加利亚	23 597	16 607	25 046	17 109	15 681	15 584	15 131	14 214	15 525
北马其顿	211	210	203	3 630	2 109	1 710	1 793	1 633	1 086
比利时	51 953	54 403	47 923	32 641	47 095	50 063	48 820	41 415	35 365
冰岛	110	110	1 400	1 473	1 473	1 473	1 473	2	5
波黑	775	860	434	434	1 670	2 286	2 122	4 046	6 593
波兰	35 211	32 132	40 552	52 373	55 559	68 231	53 576	64 510	78 942
丹麦	8 217	22 611	22 883	24 653	29 485	35 354	25 393	31 908	32 126
德国 *	588 176	784 175	1 216 320	1 368 861	1 423 399	1 454 958	1 669 749	1 855 056	1 706 352
俄罗斯联邦 *	1 401 963	1 297 951	1 387 160	1 420 822	1 280 397	1 207 089	1 064 411	990 155	1 066 818
法国	572 355	511 617	570 271	659 879	595 434	486 095	486 390	481 426	462 281
芬兰 *	9 507	21 170	21 307	32 754	34 038	30 662	45 296	72 141	46 278
格鲁吉亚	53 375	55 023	56 817	63 970	67 092	70 167	79 229	85 361	106 510
荷兰 *	2 006 713	2 058 774	1 852 900	1 942 899	2 385 482	2 604 129	2 848 751	2 830 170	3 189 027
黑山	32	443	3 945	6 286	8 509	15 308	20 601	8 438	13 299
捷克	22 431	22 777	16 490	27 923	28 749	119 843	52 682	31 917	69 518
克罗地亚	1 182	1 199	3 908	6 908	9 840	25 264	24 553	24 248	37 009
拉脱维亚	94	94	102	1 170	1 163	1 681	2 112	2 064	2 273
立陶宛	1 248	1 529	1 713	1 289	981	1 223	729	923	2 675
列支敦士登	1 304	1 674	1 616	434	434	3 516	2 654	3 388	3 387
卢森堡 *	773 988	877 660	1 393 615	1 538 870	1 390 221	1 599 545	1 813 068	2 055 460	2 286 848
罗马尼亚	36 480	39 150	31 007	30 462	42 827	31 316	22 011	22 022	23 469
马耳他	1 045	16 364	16 498	23 049	22 932	17 253	3 258	3 140	3 454
摩尔多瓦	211	387	387	387	387	387	417	241	211
挪威	347 129	264 197	208 345	199 770	124 693	104 258	2 718	1 931	2 913

附表 2 续 4

单位：万美元

国家（地区）	2015 年	2016 年	2017 年	2018 年	2019 年	2020 年	2021 年	2022 年	2023 年
葡萄牙	7 142	8 774	11 023	10 593	5 857	4 578	2 921	2 503	5 331
瑞典*	338 196	355 368	730 742	689 681	857 869	1 060 149	1 703 204	1 867 481	1 345 773
瑞士*	60 415	57 621	811 173	500 037	566 284	675 961	694 956	826 909	211 039
塞尔维亚	4 979	8 268	17 002	27 141	16 473	31 057	48 229	55 746	108 840
斯洛伐克	12 779	8 277	8 345	9 929	8 274	8 287	441	433	354
斯洛文尼亚	500	2 686	2 725	4 009	18 960	4 680	5 018	47 349	54 562
乌克兰	6 890	6 671	6 265	9 048	15 803	19 034	13 693	8 036	9 654
西班牙*	60 801	73 647	69 263	106 014	111 057	110 950	113 652	118 581	169 386
希腊	11 948	4 808	18 222	24 247	23 102	12 629	13 295	12 522	12 907
匈牙利	57 111	31 370	32 786	32 069	42 736	34 187	38 232	58 066	108 674
亚美尼亚	751	751	2 996	4 961	1 289	1 225	2 702	3 096	500
意大利	93 197	155 484	190 379	214 535	257 017	284 781	341 316	247 626	278 876
英国*	1 663 246	1 761 210	2 031 817	1 988 323	1 714 390	1 764 592	1 900 531	1 934 889	2 925 890
拉丁美洲	12 631 893	20 715 257	38 689 230	40 677 193	43 604 697	62 981 025	69 374 017	59 615 291	60 080 097
阿根廷	194 892	194 366	153 954	158 297	180 841	199 266	214 114	213 449	182 120
安提瓜和巴布达	630	670	670	580	544	383	383	325	1 796
巴巴多斯	289	8 772	11 730	20 073	5 911	5 915	35 460	16 078	15 177
巴哈马*	60	16 060	16 063	16 469	16 202	16 212	154 651	159 089	112 993
巴拉圭	4 791	4 791	4 606	84	0	68	369	240	345
巴拿马*	22 815	26 885	35 878	50 611	54 999	67 652	100 199	116 285	140 216
巴西	225 712	296 251	320 554	381 245	443 478	320 506	300 771	340 999	394 445
玻利维亚	31 746	37 068	41 349	35 150	47 227	28 796	30 751	23 024	27 021
伯利兹	70	70	—	—	—	—	44 792	14 047	13 957
多米尼加	101	101	1	1	25	330	135	692	360
多米尼克	315	315	315	315	315	315	315	379	738
厄瓜多尔	105 635	118 012	103 244	124 052	64 772	60 141	47 036	41 847	44 787
哥伦比亚	55 443	36 245	35 787	28 410	30 710	42 851	10 881	24 426	53 503
哥斯达黎加	782	820	2 602	4 267	3 501	6 590	3 575	1 220	807
格林纳达	2 367	2 377	2 507	2 389	2 712	2 712	2 262	1 979	302
古巴	12 062	13 150	11 500	14 911	11 800	13 986	18 018	24 815	28 496
圭亚那	25 601	25 668	11 069	19 886	19 344	25 734	26 557	23 154	21 509
洪都拉斯	—	2 771	116	5 022	1 562	469	666	381	383
开曼群岛*	6 240 408	10 420 893	24 968 219	25 922 371	27 614 506	45 702 699	22 952 507	21 150 887	22 190 516
秘鲁	70 549	75 978	83 943	94 150	139 894	170 511	218 137	230 953	235 021

附表 2　续 5

单位：万美元

国家（地区）	2015 年	2016 年	2017 年	2018 年	2019 年	2020 年	2021 年	2022 年	2023 年
墨西哥*	52 476	57 860	89 802	110 688	116 108	116 695	130 216	168 391	348 822
尼加拉瓜	367	467	314	327	617	592	616	600	666
萨尔瓦多	1	1	1	—	—	—	—	—	—
圣卢西亚	15	144	473	473	415	415	415	415	415
圣文森特和格林纳丁斯	4 204	3 952	4 288	4 374	4 321	4 029	3 994	3 676	3 179
苏里南	11 352	12 508	16 439	9 940	13 269	9 208	3 775	8 178	8 473
特立尼达和多巴哥	60 463	60 666	62 177	63 709	66 046	63 353	11 251	9 198	11 232
危地马拉	99	112	74	74	10	478	1	47	143
委内瑞拉	280 029	274 171	320 725	350 123	343 130	296 104	58 772	46 851	56 950
乌拉圭	18 273	22 559	19 868	27 120	22 937	18 513	21 787	22 924	21 369
牙买加	22 568	83 919	111 412	118 740	92 165	113 058	108 089	106 574	112 944
英属安圭拉	100	684	719	2 293	2 265	2 265	2 265	2 265	2 265
英属维尔京群岛*	5 167 214	8 876 589	12 206 075	13 049 678	14 187 884	15 564 495	44 747 734	36 728 119	35 889 354
智利	20 464	40 362	52 757	61 370	117 189	126 683	123 524	133 781	159 793
北美洲	**5 217 926**	**7 547 246**	**8 690 597**	**9 634 833**	**10 022 553**	**10 001 633**	**10 022 580**	**10 348 722**	**11 010 784**
百慕大群岛*	286 106	216 649	858 811	831 832	833 657	748 348	926 029	1 100 933	1 581 624
加拿大*	851 625	1 272 599	1 093 686	1 252 272	1 409 147	1 248 513	1 379 315	1 330 599	1 059 734
美国*	4 080 195	6 057 998	6 738 100	7 550 729	7 779 750	8 004 771	7 717 236	7 917 190	8 369 426
大洋洲	**3 209 171**	**3 824 056**	**4 176 327**	**4 411 078**	**4 361 255**	**4 010 677**	**4 018 796**	**4 134 142**	**3 985 316**
澳大利亚*	2 837 385	3 335 056	3 617 531	3 837 868	3 806 838	3 443 936	3 443 047	3 578 829	3 477 392
巴布亚新几内亚	191 183	186 988	210 121	203 909	192 336	178 500	155 666	167 704	133 631
斐济	9 792	14 850	15 670	17 402	19 547	18 252	14 322	17 297	13 038
基里巴斯	293	293	293	293	1 835	3 639	6 594	9 339	9 586
库克群岛	7	7	7	7	7	7	7	7	7
马绍尔群岛*	6 005	6 541	6 068	7 605	9 682	16 486	18 007	18 931	13 727
密克罗尼西亚联邦	1 517	3 466	1 954	1 549	1 506	1 348	1 323	1 801	1 889
瑙鲁	—	—	—	—	10	46	3 500	1 569	3 003
帕劳	1 160	1 210	1 218	1 211	1 881	1 853	1 850	1 837	1 809
萨摩亚	30 691	54 685	62 755	68 374	68 381	45 030	49 289	59 769	55 019
所罗门群岛	—	—	—	—	10	686	338	185	4 699
汤加	819	844	956	892	1 001	1 193	2 941	1 055	3 030
瓦努阿图	9 447	9 869	10 576	12 847	12 247	12 917	9 042	6 779	8 245
新西兰	120 872	210 247	249 180	259 120	245 973	286 784	312 871	269 040	260 240

注：" * " 表示该国家（地区）2023 年末存量数据中包含对以往历史数据进行调整。

附表 3　2015—2023 年中国对外直接投资流量行业分布情况

单位：万美元

	行业分类	2015 年	2016 年	2017 年	2018 年	2019 年	2020 年	2021 年	2022 年	2023 年
A	农、林、牧、渔业	257 208	328 715	250 769	256 258	243 920	107 864	93 075	51 171	181 628
B	采矿业	1 125 261	193 020	−370 152	462 794	512 823	613 126	841 498	1 510 082	987 878
C	制造业	1 998 629	2 904 872	2 950 737	1 910 768	2 024 181	2 583 821	2 686 673	2 715 370	2 734 225
D	电力、热力、燃气及水的生产和供应业	213 507	353 599	234 401	470 246	386 872	577 031	438 908	544 673	465 403
E	建筑业	373 501	439 248	652 772	361 848	377 984	809 455	461 908	144 150	285 929
F	批发和零售业	1 921 785	2 089 417	2 631 102	1 223 791	1 947 108	2 299 764	2 815 201	2 116 908	3 882 262
G	交通运输、仓储和邮政业	272 682	167 881	546 792	516 057	387 962	623 320	1 222 621	1 503 813	844 197
H	住宿和餐饮业	72 319	162 549	−18 509	135 396	60 398	11 841	26 933	1 398	94 745
I	信息传输、软件和信息技术服务业	682 037	1 866 022	443 024	563 187	547 794	918 718	513 591	169 329	228 135
J	金融业	2 424 553	1 491 809	1 878 544	2 171 720	1 994 929	1 966 318	2 679 879	2 212 554	1 821 852
K	房地产业	778 656	1 524 674	679 506	306 600	341 839	518 603	409 785	220 654	141 632
L	租赁和商务服务业	3 625 788	6 578 157	5 427 321	5 077 813	4 187 508	3 872 562	4 935 732	4 347 973	5 416 619
M	科学研究和技术服务业	334 540	423 806	239 065	380 199	343 163	373 465	507 213	481 719	504 833
N	水利、环境和公共设施管理业	136 773	84 705	21 892	17 863	26 988	15 671	22 494	18 270	23 672
O	居民服务、修理和其他服务业	159 948	542 429	186 526	222 822	167 338	216 078	180 948	67 915	104 845
P	教育	6 229	28 452	13 372	57 302	64 880	13 004	2 825	24 093	8 577
Q	卫生和社会工作	8 387	48 719	35 267	52 480	22 717	63 767	33 877	28 626	16 069
R	文化、体育和娱乐业	174 751	386 869	26 401	116 586	52 352	−213 383	8 773	153 403	−13 715
S	公共管理、社会保障和社会组织	160	—	—	—	—	—	—	—	—
	合计	14 566 715	19 614 943	15 828 830	14 303 731	13 690 756	15 371 026	17 881 932	16 312 100	17 728 784

附表 4 2015—2023 年末中国对外直接投资存量行业分布情况

单位：万美元

	行业分类	2015 年	2016 年	2017 年	2018 年	2019 年	2020 年	2021 年	2022 年	2023 年
A	农、林、牧、渔业	1 147 580	1 488 502	1 656 194	1 877 318	1 966 892	1 943 495	1 881 576	1 870 758	2 002 101
B	采矿业*	14 238 131	15 236 959	15 767 026	17 348 081	17 539 839	17 587 884	18 150 765	21 012 660	19 350 973
C	制造业*	7 852 826	10 811 271	14 030 075	18 230 588	20 013 570	27 786 853	26 326 333	26 800 418	28 340 248
D	电力、热力、燃气及水的生产和供应业	1 566 310	2 282 141	2 499 090	3 369 471	3 306 117	4 237 947	5 049 240	5 480 235	5 867 936
E	建筑业*	2 712 412	3 241 975	3 770 399	4 163 229	4 223 027	5 079 699	5 507 313	5 119 943	5 249 902
F	批发和零售业*	12 194 086	16 916 820	22 642 713	23 269 268	29 553 871	34 531 558	36 958 161	36 159 321	42 140 064
G	交通运输、仓储和邮政业	3 990 552	4 142 202	5 476 795	6 650 033	7 653 356	8 077 558	9 172 268	9 684 013	10 426 336
H	住宿和餐饮业	223 334	419 407	351 305	440 434	492 025	492 646	491 036	383 212	435 370
I	信息传输、软件和信息技术服务业*	2 092 752	6 480 151	21 889 737	19 357 456	20 220 605	29 791 382	16 022 746	13 849 128	13 310 709
J	金融业*	15 966 010	17 734 245	20 279 304	21 789 544	25 453 442	27 006 173	30 035 025	30 390 595	32 381 953
K	房地产业	3 349 305	4 610 471	5 375 505	5 734 096	7 761 139	8 140 791	9 291 631	8 802 764	8 851 913
L	租赁和商务服务业*	40 956 771	47 399 432	61 577 349	67 546 458	73 408 168	83 164 214	111 523 784	107 373 450	117 910 016
M	科学研究和技术服务业*	1 443 083	1 972 019	2 168 399	4 424 564	4 600 991	6 057 966	4 507 518	4 455 413	5 852 383
N	水利、环境和公共设施管理业	254 191	357 469	238 996	313 108	330 060	357 106	285 419	291 224	275 293
O	居民服务、修理和其他服务业*	1 427 660	1 690 188	1 901 733	1 671 529	1 360 344	1 354 133	1 460 781	1 414 860	1 413 328
P	教育*	28 662	72 372	328 616	476 111	429 261	790 280	273 111	938 188	374 908
Q	卫生和社会工作	17 536	92 137	138 880	299 697	312 691	396 516	376 709	334 214	341 463
R	文化、体育和娱乐业	325 098	791 284	811 536	1 265 599	1 262 671	1 269 642	1 201 556	1 121 011	1 015 083
S	公共管理、社会保障和社会组织	160	—	—	—	—	—	—	—	—
	合计	109 786 459	135 739 045	180 903 652	198 226 585	219 888 069	258 065 844	278 514 971	275 481 407	295 539 978

注：带*行业数据表示 2023 年末存量中包含对以往历史数据进行调整。

附表5　2015—2023 年中国对外非金融类直接投资流量情况（分省、自治区、直辖市）

单位：万美元

省、市、自治区	2015 年	2016 年	2017 年	2018 年	2019 年	2020 年	2021 年	2022 年	2023 年
一、央企和单位合计	2 781 752	3 071 936	5 327 185	2 305 691	2 721 380	4 919 523	6 429 102	5 494 378	6 622 557
二、地方合计	9 360 410	15 051 198	8 623 101	9 826 320	8 974 446	8 485 185	8 772 952	8 605 168	9 284 375
北京市	1 228 033	1 557 362	665 126	647 042	826 601	598 518	704 790	599 877	550 807
天津市	252 654	1 794 146	230 502	337 348	440 313	154 478	231 906	330 615	167 997
河北省	94 030	301 285	165 276	160 555	194 196	125 140	275 159	276 102	251 900
山西省	18 611	56 957	37 072	52 242	6 333	7 027	28 938	19 429	7 122
内蒙古自治区	40 447	175 210	54 879	88 314	46 469	23 874	17 982	169 189	99 014
辽宁省	212 204	186 291	117 182	172 240	60 153	46 474	120 585	61 767	51 020
其中：大连市	134 920	105 469	44 146	130 412	7 596	−6 613	24 315	22 526	15 148
吉林省	65 823	20 525	22 698	3 850	7 993	8 957	9 635	11 218	7 091
黑龙江省	42 388	118 259	51 382	47 751	58 145	6 050	8 054	4 291	5 589
上海市	2 318 288	2 396 772	1 299 029	1 532 935	1 049 232	1 255 140	1 322 120	1 066 128	987 169
江苏省	725 000	1 220 196	435 784	609 713	511 520	613 916	906 386	576 266	892 270
浙江省	710 816	1 231 398	1 066 004	1 228 122	895 157	1 074 389	1 337 483	1 528 419	1 563 919
其中：宁波市	251 456	569 627	146 771	348 909	157 056	274 514	260 693	362 187	419 420
安徽省	206 747	103 181	186 239	237 073	114 417	146 474	283 889	159 778	240 874
福建省	275 743	411 919	282 522	453 829	289 612	333 924	403 703	207 037	420 970
其中：厦门市	99 523	186 768	109 178	201 662	53 897	88 470	140 809	63 473	156 668
江西省	100 457	96 962	59 762	79 915	206 641	143 677	124 273	280 370	91 609
山东省	710 983	1 302 379	787 518	669 061	1 023 964	610 241	501 865	646 432	695 490
其中：青岛市	127 774	524 943	128 767	259 383	162 725	−153 799	163 805	149 563	261 105
河南省	131 284	412 543	182 337	385 761	274 860	115 013	142 499	175 992	275 768
湖北省	63 596	131 896	132 030	108 079	155 105	62 194	194 723	162 084	130 758
湖南省	112 370	209 601	163 789	150 664	153 922	218 785	228 159	140 821	213 485
广东省	1 226 250	2 296 230	1 177 199	1 606 089	1 669 904	2 353 187	1 417 429	1 166 766	1 480 122
其中：深圳市	645 920	1 168 393	656 778	1 054 653	935 930	1 276 261	871 626	583 976	665 109
广西壮族自治区	45 091	143 087	63 666	127 281	27 958	39 104	16 444	43 048	28 482
海南省	120 119	47 966	314 964	337 533	255 680	19 910	79 881	256 909	594 497
重庆市	149 638	181 496	502 827	133 028	151 369	125 019	40 979	−5 831	16 473
四川省	118 730	141 201	176 569	217 737	156 998	187 504	152 203	316 440	195 188
贵州省	6 539	7 467	3 658	8 158	1 434	1 548	32 095	104 873	38 450
云南省	94 648	156 211	147 382	120 127	89 462	73 030	100 934	116 891	52 290
西藏自治区	29 681	2 314	22 777	46 569	21 769	3 628	38 079	25 230	3 542
陕西省	62 408	79 687	126 055	65 714	55 475	70 935	24 510	68 197	37 788
甘肃省	12 293	77 049	48 403	59 084	24 798	8 659	9 423	28 740	154 640
青海省	7 826	8 164	1 133	2 286	5 031	8 242	−16 891	1 354	226
宁夏回族自治区	108 959	57 750	9 723	44 870	54 688	9 888	9 704	5 107	373
新疆维吾尔自治区	61 077	117 150	78 481	82 097	137 144	39 038	22 959	44 311	29 255
新疆生产建设兵团	7 679	8 544	11 131	11 255	8 102	1 222	3 052	17 319	196
合计	12 142 162	18 123 134	13 950 286	12 132 011	11 695 827	13 404 708	15 202 054	14 099 547	15 906 932

附表6 2015—2023年末中国对外非金融类直接投资存量情况（分省、自治区、直辖市）

单位：万美元

省、市、自治区	2015 年	2016 年	2017 年	2018 年	2019 年	2020 年	2021 年	2022 年	2023 年
一、中央合计	59 372 681	65 599 697	87 878 206	101 561 568	115 879 800	143 086 416	163 435 135	151 802 792	162 160 371
二、地方合计	34 447 768	52 405 103	72 746 142	74 875 473	78 554 827	87 973 256	85 044 812	93 288 020	100 997 654
北京市	3 879 895	5 438 141	6 484 394	6 995 093	7 368 891	8 527 566	9 588 300	10 153 818	10 457 776
天津市	1 094 193	2 622 543	2 353 886	2 464 954	2 792 847	2 692 969	2 405 716	2 610 257	2 713 401
河北省	572 481	862 739	1 110 454	1 128 621	1 181 404	1 360 450	1 627 453	1 722 700	1 898 742
山西省	211 051	316 180	256 219	307 772	289 592	224 443	242 673	247 002	213 821
内蒙古自治区	313 155	496 332	540 581	639 544	648 468	641 944	708 187	820 944	817 175
辽宁省	1 131 945	1 321 896	1 325 072	1 295 936	1 399 423	1 418 865	1 339 176	1 285 824	1 265 529
其中：大连市	709 425	813 447	699 531	758 218	683 958	689 282	573 422	580 986	556 381
吉林省	313 412	338 712	398 703	389 298	323 162	320 043	244 165	229 375	179 051
黑龙江省	421 397	574 078	407 097	459 569	434 802	427 580	395 606	409 472	406 370
上海市	5 836 165	8 405 445	11 200 433	11 806 919	13 033 232	13 643 508	15 150 421	16 274 184	16 711 810
江苏省	2 261 424	3 494 674	4 031 748	4 614 523	5 449 645	6 014 187	6 853 502	6 362 067	7 549 576
浙江省	2 236 478	3 268 220	9 839 463	5 736 359	6 590 062	7 475 529	8 230 527	10 281 337	11 910 477
其中：宁波市	674 225	1 177 975	1 216 413	1 532 361	1 738 486	1 865 905	1 915 782	2 945 697	3 103 902
安徽省	626 696	581 850	904 994	1 123 612	1 271 546	1 474 568	1 763 759	1 985 713	2 172 166
福建省	820 253	1 113 362	1 266 592	1 756 699	1 900 923	2 357 008	2 553 576	2 581 213	3 047 654
其中：厦门市	243 270	424 477	458 536	663 695	601 357	848 943	871 878	917 192	1 005 352
江西省	259 524	356 964	408 974	420 113	612 151	766 984	845 534	1 099 636	1 125 435
山东省	2 730 544	4 119 316	4 778 766	5 491 331	6 240 386	6 778 908	5 788 484	6 991 895	7 743 013
其中：青岛市	585 277	1 169 864	1 309 321	1 859 633	1 955 002	1 788 373	1 847 834	1 892 414	2 139 245
河南省	399 496	869 289	977 567	1 343 891	1 544 897	1 578 175	1 656 469	1 842 414	2 142 203
湖北省	286 068	418 263	562 511	645 458	701 207	688 305	739 300	1 027 761	819 134
湖南省	810 442	1 017 435	1 044 607	1 087 846	1 193 163	1 391 307	1 138 758	1 207 436	1 457 653
广东省	6 865 495	12 504 278	18 971 365	20 054 929	17 838 093	22 781 781	16 572 460	17 998 738	19 505 326
其中：深圳市	3 868 694	8 525 620	14 047 095	14 508 343	11 925 611	15 760 698	9 657 338	10 422 395	11 161 132
广西壮族自治区	184 597	343 295	376 545	494 650	526 015	551 037	518 224	512 188	527 114
海南省	489 395	500 865	1 115 541	1 518 030	1 698 512	1 244 561	1 197 871	1 188 032	1 951 771
重庆市	390 825	636 560	1 046 638	1 202 820	1 042 454	1 102 653	893 861	789 911	743 624
四川省	465 901	584 727	760 956	909 329	1 166 571	1 177 785	1 272 974	1 466 793	1 584 787
贵州省	42 894	48 017	49 892	61 155	93 202	84 829	100 755	204 742	220 802
云南省	602 619	681 510	755 796	835 622	753 088	793 549	831 173	1 184 503	938 961
西藏自治区	31 441	7 975	59 988	110 977	114 797	119 192	157 222	179 591	183 288
陕西省	285 525	361 166	422 009	491 434	552 540	542 644	502 105	520 984	517 896
甘肃省	321 156	407 739	471 826	582 349	610 849	669 188	645 545	668 905	780 959
青海省	22 292	27 027	59 829	60 750	64 713	72 084	53 110	69 550	60 318
宁夏回族自治区	160 026	247 420	210 646	258 666	439 154	387 418	362 924	668 222	647 709
新疆维吾尔自治区	296 592	400 533	505 564	531 475	638 486	634 901	642 449	660 920	667 367
新疆生产建设兵团	84 391	38 552	47 486	55 749	40 551	29 297	22 535	41 894	36 757
合计	93 820 449	118 004 800	160 624 348	176 437 041	194 434 626	231 059 671	248 479 946	245 090 812	263 158 025

附表7 2015—2023 年中国对欧盟直接投资流量情况

单位：万美元

国家	2015 年	2016 年	2017 年	2018 年	2019 年	2020 年	2021 年	2022 年	2023 年
爱尔兰	1 430	33 193	24 134	7 516	6 428	6 760	22 558	10 416	38 077
爱沙尼亚	—	—	12	5 322	202	—	—	−14	6
奥地利	10 432	19 172	41 219	13 814	3 239	7 481	19 539	−13 497	6 833
保加利亚	5 916	−1 503	8 887	−168	246	57	25	−594	161
比利时	2 346	2 835	3 034	563	5 985	7 603	11 160	1 695	2 893
波兰	2 510	−2 411	−433	11 783	11 160	14 256	2 941	12 773	11 241
丹麦	−2 416	12 573	1 521	3 048	6 026	6 322	1 578	4 802	1 170
德国	40 963	238 058	271 585	146 799	145 901	137 560	271 113	197 864	64 133
法国	32 788	149 957	95 215	−7 502	8 722	14 779	−15 167	4 848	−10 902
芬兰	3 868	3 667	2 347	14 104	3 404	4 066	6 518	4 769	8 890
荷兰	1 346 284	116 972	−22 312	103 834	389 317	493 833	170 393	−104 980	89 658
捷克	−1 741	185	7 295	11 302	6 053	5 279	−2 539	−1 302	28 955
克罗地亚	—	22	3 184	2 239	2 869	15 446	1 515	522	1 086
拉脱维亚	45	—	8	1 068	—	564	482	8	146
立陶宛	—	225	—	−447	—	33	20	212	1 066
卢森堡	−1 145 317	160 188	135 340	248 733	68 587	70 095	149 932	325 036	233 160
罗马尼亚	6 332	1 588	1 586	157	8 411	1 310	513	1 159	9 879
马耳他	503	15 480	167	1 011	−118	89	282	−98	314
葡萄牙	1 072	1 137	104	1 171	1 855	118	275	144	2 631
瑞典	31 719	12 768	129 026	106 395	191 571	192 999	128 077	185 090	74 357
塞浦路斯	176	525	60 341	11 390	8 242	9 466	3 228	409	192
斯洛伐克	—	—	68	1 462	−53	20	33	1	21
斯洛文尼亚	—	2 186	39	1 328	2 684	−13 294	304	−59	9 024
西班牙	14 967	12 541	5 879	53 768	11 491	10 295	7 917	7 188	−257
希腊	−137	2 939	2 857	6 030	57	717	656	−137	456
匈牙利	2 320	5 746	6 559	9 495	12 315	−415	5 353	26 046	41 076
意大利	9 101	63 344	42 454	29 761	64 979	24 446	−1 202	27 755	33 998
英国	184 816	148 039	206 630	102 664	110 345	—	—	—	—
合计	547 978	999 426	1 026 748	886 638	1 069 917	1 009 883	785 505	690 058	648 264

注：欧盟 2020 年及此后数据不包括对英国投资数据。

附表 8 2015—2023 年末中国对欧盟直接投资存量情况

单位：万美元

国家	2015 年	2016 年	2017 年	2018 年	2019 年	2020 年	2021 年	2022 年	2023 年
爱尔兰	24 832	57 377	88 263	97 277	107 401	151 794	174 577	167 618	203 857
爱沙尼亚	350	350	362	5 684	6 333	532	532	518	169
奥地利	32 799	53 051	85 149	46 163	49 218	67 523	72 006	52 392	57 297
保加利亚	23 597	16 607	25 046	17 109	15 681	15 584	15 131	14 214	15 525
比利时	51 953	54 403	47 923	32 641	47 095	50 063	48 820	41 415	35 365
波兰	35 211	32 132	40 552	52 373	55 559	68 231	53 576	64 510	78 942
丹麦	8 217	22 611	22 883	24 653	29 485	35 354	25 393	31 908	32 126
德国	588 176	784 175	1 216 320	1 368 861	1 423 399	1 454 958	1 669 749	1 855 056	1 706 352
法国	572 355	511 617	570 271	659 879	595 434	486 095	486 390	481 426	462 281
芬兰	9 507	21 170	21 307	32 754	34 038	30 662	45 296	72 141	46 278
荷兰	2 006 713	2 058 774	1 852 900	1 942 899	2 385 482	2 604 129	2 848 751	2 830 170	3 189 027
捷克	22 431	22 777	16 490	27 923	28 749	119 843	52 682	31 917	69 518
克罗地亚	1 182	1 199	3 908	6 908	9 840	25 264	24 553	24 248	37 009
拉脱维亚	94	94	102	1 170	1 163	1 681	2 112	2 064	2 273
立陶宛	1 248	1 529	1 713	1 289	981	1 223	729	923	2 675
卢森堡	773 988	877 660	1 393 615	1 538 870	1 390 221	1 599 545	1 813 068	2 055 460	2 286 848
罗马尼亚	36 480	39 150	31 007	30 462	42 827	31 316	22 011	22 022	23 469
马耳他	1 045	16 364	16 498	23 049	22 932	17 253	3 258	3 140	3 454
葡萄牙	7 142	8 774	11 023	10 593	5 857	4 578	2 921	2 503	5 331
瑞典	338 196	355 368	730 742	689 681	857 869	1 060 149	1 703 204	1 867 481	1 345 773
塞浦路斯	10 915	11 005	71 869	84 543	106 147	20 274	13 124	13 546	13 911
斯洛伐克	12 779	8 277	8 345	9 929	8 274	8 287	441	433	354
斯洛文尼亚	500	2 686	2 725	4 009	18 960	4 680	5 018	47 349	54 562
西班牙	60 801	73 647	69 263	106 014	111 057	110 950	113 652	118 581	169 386
希腊	11 948	4 808	18 222	24 247	23 102	12 629	13 295	12 522	12 907
匈牙利	57 111	31 370	32 786	32 069	42 736	34 187	38 232	58 066	108 674
意大利	93 197	155 484	190 379	214 535	257 017	284 781	341 316	247 626	278 876
英国	1 663 246	1 761 210	2 031 817	1 988 323	1 714 390	—	—	—	—
合计	6 446 013	6 983 669	8 601 478	9 073 906	9 391 249	8 301 564	9 589 839	10 119 250	10 242 241

注：欧盟 2020 年以后合计数据不包括对英国投资数据。

附表 9　2015—2023 年中国对东盟直接投资流量情况

单位：万美元

国家	2015 年	2016 年	2017 年	2018 年	2019 年	2020 年	2021 年	2022 年	2023 年
菲律宾	−2 759	3 221	10 884	5 882	−429	13 043	15 286	27 089	15 599
柬埔寨	41 968	62 567	74 424	77 834	74 625	95 642	46 675	63 218	137 791
老挝	51 721	32 758	121 995	124 179	114 908	145 430	128 232	25 343	116 153
马来西亚	48 891	182 996	172 214	166 270	110 954	137 441	133 625	160 639	142 683
缅甸	33 172	28 769	42 818	−19 724	−4 194	25 080	1 846	6 198	15 339
泰国	40 724	112 169	105 759	73 729	137 191	188 288	148 601	127 180	201 759
文莱	392	14 210	7 136	−1 509	−405	1 658	375	416	699
新加坡	1 045 248	317 186	631 990	641 126	482 567	592 335	840 504	829 538	1 309 714
印度尼西亚	145 057	146 088	168 225	186 482	222 308	219 835	437 251	454 960	313 307
越南	56 017	127 904	76 440	115 083	164 852	187 575	220 762	170 301	259 307
合计	1 460 431	1 027 868	1 411 885	1 369 353	1 302 377	1 606 327	1 973 158	1 864 881	2 512 351

附表 10　2015—2023 年末中国对东盟直接投资存量情况

单位：万美元

国家	2015 年	2016 年	2017 年	2018 年	2019 年	2020 年	2021 年	2022 年	2023 年
菲律宾	71 105	71 893	81 960	83 002	66 409	76 713	88 390	111 283	119 325
柬埔寨 *	367 586	436 858	544 873	597 368	646 370	703 852	696 559	744 411	796 779
老挝 *	484 171	550 014	665 495	830 976	824 959	1 020 142	993 974	957 837	1 000 530
马来西亚	223 137	363 396	491 470	838 724	792 369	1 021 184	1 035 515	1 205 046	1 347 794
缅甸	425 873	462 042	552 453	468 006	413 445	380 904	398 821	397 252	381 605
泰国	344 012	453 348	535 847	594 670	718 585	882 555	991 721	1 056 778	1 265 743
文莱	7 352	20 377	22 067	22 045	42 696	38 812	9 628	10 385	11 236
新加坡 *	3 198 491	3 344 564	4 456 809	5 009 383	5 263 656	5 985 785	6 720 228	7 344 991	8 644 682
印度尼西亚 *	812 514	954 554	1 053 880	1 281 128	1 513 255	1 793 883	2 008 048	2 472 206	2 634 626
越南	337 356	498 363	496 536	560 543	707 371	857 456	1 085 211	1 166 072	1 359 399
合计	6 271 597	7 155 409	8 901 390	10 285 845	10 989 115	12 761 285	14 028 094	15 466 263	17 561 718

注："*"表示该国家（地区）2023 年末存量数据中包含对以往历史数据进行调整。

附 录

对外直接投资统计制度

中华人民共和国商务部
国 家 统 计 局
国 家 外 汇 管 理 局

2022年1月

一、总说明

（一）调查目的

为真实、准确、完整、及时地反映我国对外直接投资的实际情况，科学、有效地组织全国对外直接投资统计工作，充分发挥统计咨询、监督作用，依照《中华人民共和国统计法》（以下简称《统计法》）特制定本制度。对外直接投资统计的基本任务是通过统计调查、统计分析和提供统计资料，真实、准确、完整、及时地反映我国对外直接投资的全貌，为国家分析境外投资发展趋势，监测宏观运行，制定促进导向政策和实施监督管理，以及建立我国资本项目预警机制提供依据。

（二）调查对象

所有发生对外直接投资活动的中国境内机构和个人（以下简称境内投资者）。

（三）调查范围

1. 我国境内投资者以现金、实物、无形资产等方式在国外及港澳台地区设立、参股、兼并、收购国（境）外企业，并拥有该企业 10％或以上股权、投票权或其他等价利益的经济活动。

2. 对外直接投资统计的范围主要包括境内投资者通过直接投资方式在境外拥有或控制 10％或以上股权、投票权或其他等价利益的各类公司型和非公司型的境外直接投资企业（以下简称境外企业）。

（四）调查内容

对外直接投资统计的内容主要包括：境内投资者的基本情况；境外企业的基本情况；对外直接投资流量、存量情况；成员企业间债务工具情况；境外企业返程投资情况；通过境外企业再投资情况；境外主要矿产资源情况；境外电力生产领域投资情况；境外重点农产品产出情况；对外直接投资月度投资情况；对外投资并购情况；农业对外投资合作情况；境外经济贸易合作区情况、通过境外企业再投资月度情况、境外企业在外人员月度变化情况、境外节能环保清洁产业投资情况等。

对外直接投资统计的指标主要包括：对外直接投资流量；年末对外直接投资存量；股权；收益再投资；债务工具；反向投资额；资产总计；负债合计；所有者权益合计；实收资本；销售（营业）收入；利润总额；净利润；年末从业人数；对所在国家（地区）缴纳的税金总额等。

（五）统计调查方法

本制度采用全面调查的方法。

（六）调查频率及调查时间

本制度采用定期填报统计报表方式，收集、整理统计资料。调查表分为年度报表和月度报表。其中月度报表调查时间为 1 日至当月最后一日，年度报表调查时间是 1 月 1 日至 12 月 31 日。

（七）组织方式和渠道

1. 对外直接投资统计实行统一领导，分级管理，逐级报送。

（1）商务部根据国家统计局的统一要求，负责全国对外直接投资的统计工作，管理各省、自治区、直辖市及计划单列市商务主管部门和中央企业（单位）的对外直接投资统计工作，综合编制、汇总全国对外直接投资统计资料。

（2）国家外汇管理局（以下简称外汇局）负责全国金融业的对外直接投资统计工作，管理金融业境内投资者的对外直接投资统计工作，综合编制、汇总并向商务部提供金融领域的对外直接投资统计资料。

（3）各省级商务主管部门负责本行政区域内对外直接投资统计工作，管理本行政区域内非金融业境内投资者（不包括该行政区域内中央管理的企业，下同）的对外直接投资统计工作，综合编制、汇总并向商务部报送本行政区域内的对外直接投资统计资料。

（4）境内投资者负责管理本单位的对外直接投资统计工作，按照本制度规定的表式搜集其境外直接投资企业的统计资料，综合编制、汇总并向省级商务主管部门、商务部或外汇局报送本单位的统计资料。

2. 商务部、国家统计局和外汇局根据需要对重点统计调查项目采取典型调查方式，收集、整理统计资料，具体办法另文制定。

对外直接投资统计报表报送渠道：

（1）境内投资者为中央企业、单位的，直接向商务部报送统计报表。

（2）境内投资者为金融企业（包括银行、保险公司、证券公司、基金公司、信托公司、财务公司等）的，直接向外汇局报送统计报表。

（3）其他境内投资者向所在地商务主管部门报送统计报表。

（4）各省级商务主管部门汇总本行政区域内（不包括中央企业）的统计资料并上报商务部，同时抄送同级统计部门。

（5）外汇局负责收集、审核、汇总金融业境内投资者的统计资料，向商务部提供金融部分对外直接投资统计资料。

（6）商务部负责汇总全行业对外直接投资统计资料并报国家统计局，同时共享外汇局使用。

（7）境内投资者对外直接投资涉及的所有境外企业均按（1）、（2）、（3）渠道报送。

（八）报送要求

1. 各级商务主管部门和有关企业、单位须根据对外直接投资统计工作的需要及工作量，配备统计人员（专职或兼职）并保持相对稳定，提供必要的经费及办公设备。

2. 境内投资者必须依照《统计法》和国家有关规定，真实、准确、完整、及时地提供统计调查所需的资料，不得提供不真实或者不完整的统计资料，不得迟报、拒报统计资料。

3. 统计机构、统计人员应当依法履行职责，如实搜集、报送统计资料，不得伪造、篡改统计资料，不得以任何方式要求任何单位和个人提供不真实的统计资料。

4. 逢国家法定的节假日，统计报表的报送时间顺延。

5. 本制度使用的国别（地区）统计代码，按海关总署制定的《国别（地区）统计代码》执行。

6. 境内投资者所属行业类别按《国民经济行业分类》（GB/T 4754-2017）执行，境外企业所属行业类别参照执行。

7. 境内投资者所属企业登记注册类型按国家统计局、国家工商行政管理总局2011年发布的《关于划分企业登记注册类型的规定》执行。

8. 境内投资者所属企业所有制性质按国家统计局2005年发布的《关于统计上对公有和非公有控股经济的分类办法》执行。

9. 文化及相关产业分类按照国家统计局2018年发布的《文化及相关产业分类》执行。

10. 节能环保产业分类按照国家统计局2021年发布的《节能环保产业统计分类（2021）》执行。

11. 统一社会信用代码以有关登记管理部门颁发的《统一社会信用代码证书》或相关证明为准。

（九）质量控制

1. 商务部通过建立健全对外直接投资统计数据质量控制体系，实现统计调查全流程的制度化、程序化、规范化。

2. 商务部按照《关于防范商务领域统计造假弄虚作假有关责任的规定》，落实统计责任，全面防范和严肃惩治商务统计造假，保障统计数据质量。

3. 商务部定期对各省级商务主管部门和中央企业（单位）的对外直接投资统计工作开展情况进行通报，加强统计管理，不断提升统计数据质量。

4. 为保证统计数据完整、准确，各省级商务主管部门、有关中央企业应做好辖区及下属企业的对外直接投资统计培训工作。

5. 本制度涉及对外直接投资统计标准、原则遵循经济合作与发展组织（OECD）《关于外国直接投资基准定义》（第四版）有关规定，统计数据与全球大多数国家（地区）具有可比性。

6. 为全面反映对外直接投资实际情况，对外直接投资月度统计数据包括商务部根据上年收益再投资测算的月度收益再投资，商务部根据测算结果生成有关行业、国家（地区）、省份的月度收益再投资。

7. 商务部、国家统计局和外汇局依据对外直接投资年报最终统计结果，对本年度快报数据予以修订。

（十）监督检查

1. 各省级商务主管部门根据《统计法》要求，应及时向本级人民政府统计机构提供对外直接投资统计违法线索和相关材料，协助本级人民政府统计机构查处统计违法行为。涉及重大、典型统计违法行为，可将线索和相关材料上报商务部，由商务部移送国家统计局依法办理。

2. 商务部将联合有关部门定期开展对外直接投资统计大检查。

（十一）统计资料的管理

1. 境内投资者应当按照国家有关规定设置原始记录、统计台账，建立健全统计资料的审核、签署、交接、归档等管理制度。

2. 各省级商务主管部门应当按照国家有关规定建立统计资料的保存、管理制度，建立健全统计信息共享机制。

3. 统计机构和统计人员对在统计工作中知悉的国家秘密、商业秘密和个人信息，应当予以保密。

4. 统计调查中获得的能够识别或者推断单个统计调查对象身份的资料，任何单位和个人不得对外提供、泄露，不得用于统计以外的目的。

5. 各省级商务主管部门和境内投资者应加强跨境数据信息管理，遵守境内外数据信息保护规定和要求，依法合规收集、存储、使用统计数据信息。

（十二）信息共享

经批准对外发布的数据，可按照协定方式与相关政府部门共享。在最终审定数据十个工作日后可以共享，共享责任单位为商务部对外投资和经济合作司，共享责任人为商务部对外投资和经济合作司统计工作负责人。

（十三）统计资料公布

1. 对外直接投资统计数据采取定期公布制度。

2. 年度综合统计有关数据由商务部、国家统计局和外汇局于次年 9 月 30 日前以年度对外直接投资统计公报形式出版发行，并通过商务部网站（www.mofcom.gov.cn）公布，主要指标包括年度对外直接投资流量、存量等；月度综合统计有关数据由商务部于月后 30 日内通过商务部政府网站或商务部新闻发布会形式对外公布，主要指标为对外直接投资额。每年 1 季度，商务部根据月度统计数据生成年度对外直接投资统计初步数据（年度快报数据），同比计算基数为上年度统计初步数据。

（十四）使用名录库情况

本制度使用国家统计局基本单位名录库、商务部基本单位名录库。

二、报表目录

表号	表名	报告期别	统计范围	报送、提供单位	报送、提供日期及方式	页码
(一) 综合报表						
FDI 金融 N1 表	金融业境内投资者对外直接投资流量和存量（按国别地区分组）	年报	全部金融业境内投资者	国家外汇管理局	年后 7 月 20 日前向商务部提供，纸介质	13
FDI 金融 N2 表	金融业境内投资者对外直接投资流量和存量（按民经济行业分组）	年报	同上	同上	同上	14
FDI 金融 N3 表	金融业境内投资者拥有的境外企业基本情况	年报	同上	同上	同上	15
FDI 金融 Y1 表	金融业对外直接投资情况（按国别地区分组）	月报	同上	同上	月后 15 日前向商务部提供，纸介质	16
FDI 金融 Y2 表	金融业对外直接投资情况（按国民经济行业分组）	月报	同上	同上	同上	17
(二) 基层报表						
FDIN1 表	境内投资者基本情况	年报	全部非金融业境内投资者	非金融业境内投资者	年后 6 月 20 日前报省级商务主管部门或商务部，网络传输	18
FDIN2 表	境外企业基本情况	年报	同上	同上	同上	19
FDIN3 表	对外直接投资流量、存量情况	年报	同上	同上	同上	20
FDIN4 表	成员企业间债务工具情况	年报	同上	同上	同上	21
FDIN5 表	境外企业返程投资情况	年报	同上	同上	同上	22
FDIN6 表	境内投资者通过境外企业再投资情况	年报	同上	同上	同上	23
FDIN7 表	境外主要矿产资源情况	年报	同上	同上	同上	24
FDIN8 表	境外电力生产领域投资情况	年报	同上	同上	同上	25
FDIN9 表	境外主要农产品产出情况	年报	同上	同上	同上	26
FDIY1 表	对外直接投资月度情况（按出资方式分组）	月报	同上	同上	月后 10 日前报省级商务主管部门或商务部，网络传输	27
FDIY2 表	对外直接投资月度情况（按投资构成分组）	月报	同上	同上	同上	28
FDIY3 表	对外投资并购基本事项	月报	同上	同上	同上	29
FDIY4 表	农业对外投资合作情况	月报	同上	同上	同上	30
FDIY5 表	境外经济贸易合作区情况	月报	同上	同上	同上	31
FDIY6 表	境外企业再投资月度情况	月报	同上	同上	月后 15 日前报省级商务主管部门或商务部，网络传输	32
FDIY7 表	境外企业在外人员月度变化情况	月报	同上	同上	同上	33
FDIY8 表	境外节能环保产业月度投资情况	月报	同上	同上	月后 10 日前报省级商务主管部门或商务部，网络传输	34

三、调查表式（略）

四、主要指标解释及概念界定

（一）主要指标解释

1. 对外直接投资

对外直接投资是境内投资者以控制国（境）外企业的经营管理权为核心的经济活动，体现在一经济体通过投资于另一经济体而实现其持久利益的目标。

2. 直接投资企业

直接投资企业指境内投资者直接拥有或控制 10％或以上股权、投票权或其他等价利益的境外企业。境外企业按设立方式主要分为子公司、联营公司和分支机构。

（1）子公司：境内投资者拥有该境外企业 50％以上的股东或成员表决权，并具有该境外企业行政、管理或监督机构主要成员的任命权或罢免权。

（2）联营公司：境内投资者拥有该境外企业 10％~50％的股东或成员表决权。

（3）分支机构：即境内投资者在国（境）外的非公司型企业。

3. 成员企业

成员企业指企业间互相不持有股份，但为同一企业所影响，则这些企业称为成员企业。只要企业间存在直接或间接地有一个共同的母公司，这些企业即成为成员企业。

例如：中国 A 企业在中国香港设立直接投资企业 B，在美国设立了境外企业 C，企业 C 和 B 互为成员企业。

4. 境外成员企业

境外成员企业指与境内投资者互为成员企业的境外企业。

例如：中国 A 企业在中国内地设立了 B 企业，又在英国投资了企业 C，企业 C 是 B 的境外成员企业。

5. 对外直接投资额

对外直接投资额指境内投资者在报告期内直接向其境外企业实现的投资，包括股权投资、收益再投资以及债务工具三部分。

金融业的对外直接投资仅包括股权投资和收益再投资。

（1）股权投资：指境内投资者在其境外分支机构投入的股本金或在其境外子公司和联营公司的股份。

股权：等于报告年度末境外企业资产负债表中"股本"项乘以中方所占投资份额（或股权比重），当期股权的减少记作当期负流量。

新增股权：等于报告年度境外企业股本增加额乘以中方股权份额，其中包括境内投资者当年实际缴付的股本和由投资收益转增的股本。股权增加额为该企业年末、年初资产负债表"股本"项目相减之差。

（2）收益再投资：指境外子公司或联营公司未作为红利分配但应归属于境内投资者的利润部分，以及境外分支机构未汇给境内投资者的利润部分。

当期收益再投资：等于报告年度境外企业资产负债表中按中方股权比例计算的未分配利润期末数与期初数的差额，当期利润再投资为负数记入当期负流量。

收益再投资：等于报告年度境外企业资产负债表中按中方股权比例计算的未分配利润期末数，未分配利润期末数为负数不计入对外直接投资存量。

（3）债务工具：是指境外子公司、分支机构以及联营公司对境内投资者负债合计，包括境内投资者给境外子公司、联营公司和分支机构提供的贷款（一年期以上，下同）、应收和预付款项、债务证券等。境内投资者给境外成员企业间的贷款亦纳入此范畴。

境内投资者当期提供给境外了公司、联营公司、分支机构、境外成员企业贷款记作当期对外直接投资流量和存量的增加；境外子公司、联营公司、境外成员企业归还当期或以前年度境内投资者记作当期对外直接投资的负流量，同时应调减当期存量。

境内投资者与境外子公司、联营公司、分支机构间当期新增或减少的应收和预付款项记作当期对外直接投资的流量的增加或减少；期末应收和预付款项记作对外直接投资的存量的增加或减少。

6. 反向投资额

反向投资额指境外企业对境内投资者持股比例低于10％的投资。

7. 返程投资

返程投资指境内投资者将本地资金通过各种渠道流到国（境）外，再以直接投资（控股≥10％）的形式将这些资金返回到本地经济体。

8. 当期对外直接投资总额

当期对外直接投资总额等于报告期境外企业新增股权加上当期收益再投资，再加上当期新增债务工具投资。

9. 当期对外直接投资流量

当期对外直接投资流量等于当期对外直接投资总额，减去当期境外企业对境内投资者的反向投资额。

10. 年末对外直接投资总额

年末对外直接投资总额等于报告期境外企业资产负债表中按中方投资比例计算的股本期末数加上按中方投资比例计算的未分配利润期末数，再加上期末债务工具投资。

11. 年末对外直接投资存量

年末对外直接投资存量等于年末对外直接投资总额减去境外企业累计对境内投资者的反向投资。

12. 资产总计

资产总计指企业拥有的流动资产、固定资产、无形资产、长期投资、在建工程、其他资产等用货币计量的价值总和。

13. 负债合计

负债合计反映报告期末企业承担的能够以货币计量、需要以资产或者劳务偿付的债务，包括流动负债、长期负债和其他负债。

14. 对境内投资者的负债

对境内投资者的负债指负债总额中，债权归属境内投资者且限期为一年以上的中长期债务总额，计入对外直接投资存量的债务工具投资。

15. 所有者权益合计

所有者权益合计指所有者在企业资产中享有的经济利益（按股比计算），其金额为资产减去负债后的余额，包括实收资本（或者股本）、资本公积、盈余公积和未分配利润等。

16. 实收资本

实收资本指投资者按照企业章程，或合同、协议的约定，实际投入企业的资本。

17. 销售（营业）收入

销售（营业）收入指企业在销售商品或提供劳务等经营业务中实现的营业收入，包括主营业务收入和其他业务收入。

18. 利润总额

利润总额指企业在报告期的经营成果，包括营业利润、投资净收益和营业外收支净额。

19. 净利润

净利润指利润总额中按规定交纳了所得税后企业的利润留成，一般也称为税后利润或净收入。

20. 年末从业人员数

年末从业人员数指报告年度末在境（内）外企业从事一定的劳动并取得劳动报酬或其他形式劳动报酬的全部人员数。

境外企业与中国境内有对外劳务合作经营资质的企业签订用工合同的相关从业人员不纳入境外企业年末从业人员统计。

21. 对所在国家（地区）上缴税金总额

对所在国家（地区）上缴税金总额指境外企业按照投资所在国家或者地区的法律规定实际缴纳的各项税金之和。

22. 通过境外企业再投资

通过境外企业再投资指我国境内投资者通过对外直接投资企业向第三地转移投资方式而在最终目的地国家形成的各类投资。第三地是指中国大陆和对外直接投资的首个目的地以外的国家（地区），包括投资企业延伸链条的所有国家（地区）。

23. 并购

并购是兼并和收购的总称。兼并指境内投资者（或通过其直接投资设立的境外企业）在国（境）外合并其他境外独立企业的行为。收购指境内投资者（或通过其直接投资设立的境外企业）在国（境）外用现金或者有价证券等方式购买境外实体企业（包括项目）的股票或者资产，以获得对该企业（或项目）的全部资产或者某项资产的所有权，或对该企业的控制权。

并购事项的统计界定：

（1）境内投资者直接与卖方签订并购境外实体企业（或项目）协议以及实施并购的行为活动纳入并购事项统计。

（2）境内投资者通过其境外企业与卖方签订并购企业（或项目）协议以及实施并购的行为活动纳入并购事项统计。

（3）境内投资者之间的境外企业股权转让不纳入并购事项统计。

上述（1）中所涉及并购企业（或项目）的最终控股比例不得小于10%；（2）中所涉及并购事项不受最终控股比例限制。

24. 实际交易额

实际交易额指根据收购协议境内投资者（或其境外企业）实际支付给卖方的各种资金总和。

25. 期末从业人员数量

期末从业人员数量指报告期末在境外企业从事一定的劳动并取得劳动报酬的全部人员数量。

26. 中方从业人员数量

中方从业人员数量指境外企业从业人员中拥有中华人民共和国国籍的员工数量。

27. 农业对外投资合作

农业对外投资合作指境内投资者通过直接投资或再投资方式拥有、控制国（境）外农业类境外企业或项目的活动。

28. 自有资金

自有资金是指境内投资者（或境外企业）为进行生产经营活动所经常持有，可以自行支配使用并毋须偿还的那部分资金。

29. 文化及相关产业

依据国家统计局《文化及相关产业分类（2018）》，文化及相关产业指为社会公众提供文化产品和文化相关产品的生产活动的集合。具体范围包括：（1）以文化为核心内容，为直接满足人们的精神需要而进行的创作、制造、传播、展示等文化产品（包括货物和服务）的生产活动。具体包括新闻信息服务、内容创作生产、创意设计服务、文化传播渠道、文化投资运营和文化娱乐休闲服务等活动。（2）为实现文化产品的生产活动所需的文化辅助生产和中介服务、文化装备生产和文化消费终端生产（包括制造和销售）等活动。

30. 剩余经济可采储量

剩余经济可采储量是指经过经济评价认定、在评价期内具有商业效益的可采储量，扣减报告期末累计开采量的剩余值。

31. 当年权益产量

当年权益产量等于当年矿产总产量乘以中方所占份额百分比。

（二）主要概念界定

1. 装备制造业的界定

装备制造业是指为国民经济各部门简单再生产和扩大再生产提供技术装备的各制造工业的总称，其产业范围包括机械工业（含航空、航天、船舶和兵器等制造行业）和电子工业中的投资类产品。包括通用设备制造业、专用设备制造业、金属制品业、汽车制造业、铁路/船舶/航空航天和其他运输设备制造业、电气机械和器材制造业、计算机/通信和其他电子设备制造业、仪器仪表制造业等。

2. 境外经贸合作区类型界定

境外经贸合作区指在中国内地注册、具有独立法人资格的中资控股企业，通过在境外设立的中资控股的独立法人机构，投资建设的基础设施完备、主导产业明确、公共服务功能健全、具有集聚和辐射效应的产业园区。园区类型主要包括：

（1）加工制造型：指以轻工、纺织、机械、电子、化工、建材等产品加工为主导的园区。

（2）资源利用型：指以矿产、森林、油气等资源开发、加工和综合利用等为主的园区。

（3）农业产业型：指以谷物和经济作物等的开发、加工、收购、仓储等为主导园区。

（4）商贸物流型：指以商品展示、运输、仓储、集散、配送、信息处理、流通加工等为主导的园区。

（5）科技研发型：指以轨道交通、汽车、通信、工程机械、航天航空、船舶和海洋工程等领域的高新技术及产品的研发、设计、实验、试制为主导的园区。

3. 统计原则的界定

（1）国家（地区）的统计界定：对外直接投资的国家（地区）按首个投资目的国家（地区）进行统计。

（2）境内投资者与境外企业的行业分类的界定：境内投资者根据中华人民共和国《国民经济行业分类》（GB/T 4754-2017，见附录一），按销售收入份额最大的产品的所属行业确定其行业类别。

境外企业分类参照中华人民共和国《国民经济行业分类》（GB/T 4754-2017）执行。

（3）货币转换和计价原则：境内投资者调查表（FDIN1表），填报的内容以人民币为货币单位；其余报表的金额单位均以美元作为统一货币单位。以非美元计价的，须按照国家外汇管理局制定的《各种货币对美元内部统一折算率表》规定的折算率折合为美元，年度数据以报告期最后一个交易日汇率计算，月度数据按交易当日汇率计算。

经营活动有关指标（如：营业收入、出口总值、进口总值等）按实际交易价即以市场价值作为计价基础；资产、负债、权益等存量指标按账面价值计算。

（4）报告年份的界定：本制度各项统计报表数据均按公历年度上报；以财政年度反映的境外企业的数据须调整为公历年度或按最近一期财政年度报表的数据填报，并在报表中加以说明。

（5）分支机构的统计界定。境内投资者在国（境）外设立的机构有下列情形之一的，纳入对外直接投资分支机构统计范畴：

A. 有独立财务账户并在当地有登记。

B. 在当地拥有土地、建筑物等不可移动资产所有权（不包括本国政府在当地拥有的土地和建筑如大使馆、领事馆、军事基地、科研设施、信息或移民部门、援助机构等）。

C. 境内投资者直接承担国（境）外工程项目建设，在项目所在国设立一年以上的办公室（注册或非注册）并存在完整、独立的活动账户。

如境内投资者在国（境）外承担的水坝、电站、桥梁等大型工程建设项目，大多数情况下，由未在当地登记的办公室（经理办、代表处、项目部）实施和管理项目，已构成生产经营属性，属于国际标准意义的直接投资活动。

D. 拥有移动设备（如船舶、航空器、天然气和石油钻探设备、铁路车辆等）并经营至少一年。

对境外分支机构的直接投资额（流量、存量）可按照新增或期末"所有者权益合计+对境内主体的负债"计算生成。

（6）其他统计界定。

A. 凡境内投资者在境外企业中拥有或控制10％或以上的投票权（对公司型企业）或其他等价利益（对非公司型企业）的投资，均计入对外直接投资统计。

B. 子公司获得由境内直接投资者担保的借款，不计入对外直接投资统计。

C. 参加国际组织的投资不计入对外直接投资统计。

D. 以提供技术并收取管理费的跨境服务不计入对外直接投资统计。

E. 境外企业若被其他国家企业收（并）购，记作境内投资者对外直接投资的减少。

F. 若境外企业中有多家境内投资者，且均拥有10％以上的股份，可作为上报单位分别报送按股权比例计算的相应指标。

G. 境外企业对境内投资者投资控股比例大于或等于10％不计入反向投资。

H. 报告年度通过追加投资等方式达到控制企业10％或以上的投票权的境外企业纳入报告年度的对外直接投资统计，追加投资金额记作当期的对外直接投资的增加，期末对外直接投资存量按其持股比例计算的所有者权益合计部分计算。

I. 境内投资者之间以股权置换的方式获得境外企业10％以上股权记入当期对外直接投资的增加，由于股权置换而丧失或减少境外企业股权，记入当期对外直接投资的减少。

J. 境内银行（或存款公司）放在其境外支行或子公司内的存款不属于直接投资。

K. 境内银行（或存款公司）通过境外支行或子公司吸收的存款不属于直接投资。

L. 境内保险公司在境外设立的保险公司的技术储备（即：为防范现有风险的实际储备，提前支付的保费，赢利保险业务储备，以及未决索赔的准备金）不属于直接投资。

五、附录（略）

2023 Statistical Bulletin of China's Outward Foreign Direct Investment

Ministry of Commerce of the People's Republic of China
National Bureau of Statistics
State Administration of Foreign Exchange

Translator:
NKU   Ge Shunqin   Zhao Haoxin

2023 Statistical Bulletin of China's Outward Foreign Direct Investment

1. Overview of China's Outward FDI

In 2023, China's outward FDI net flows (hereinafter referred to as "flows") reached ＄177.29 billion, increasing by 8.7％ compared with the previous year (see table 1). Among the flows, ＄72.62 billion was new equity investment, accounting for 41％; ＄78.46 billion was reinvested earnings, accounting for 44.2％; ＄26.21 billion was debt instrument investment, accounting for 14.8％.

By the end of 2023, 31 thousand Chinese domestic investors had established 48 thousand FDI enterprises[1] (hereinafter referred to as "overseas enterprises") overseas in 189 countries (regions)[2] around the world. The year-end total assets of overseas enterprises were nearly ＄9 trillion. The accumulated outward FDI net stock (hereinafter referred to as "stock") reached ＄2955.4 billion. Among the stock, ＄1639.97 billion was equity investment, ＄961.21 billion was reinvested earnings, ＄354.22 billion was debt instrument investment, accounting for 55.5％, 32.5％ and 12％ of the total respectively.

---

[1] FDI enterprises refer to foreign enterprises that are directly owned or have 10％ (or above) voting rights or equivalents controlled by domestic investors.

[2] FDI countries (regions) are accounted as the first country (region) invested by domestic investors.

Table 1　Composition of China's Outward FDI Flows and Stock，2023

Category	Flows			Stock	
	Amount Billions of US Dollars	Year-on-Year Growth Rate/%	Share/%	Amount Billions of US Dollars	Share/%
Total	177. 29	8. 7	100. 0	2 955. 40	100. 0
Financial Sector	18. 22	−17. 6	10. 3	323. 82	11. 0
Non－financial Sector	159. 07	12. 8	89. 7	2631. 58	89. 0

Note：1. Financial sector refers to the direct investment of domestic investors in overseas financial enterprises；non－financial sector refers to the direct investment of domestic investors in overseas non－financial enterprises.

2. The difference between the non－financial flow data in 2023 and the 2023 express data from the Ministry of Commerce（130. 13 billion US dollars）is mainly due to the reinvested earnings.

According to *the World Investment Report* 2024 by UNCTAD，global FDI outflows reached ＄1. 55 trillion in 2023 with a year-end stock of ＄44. 38 trillion. Based on this report，China's outward FDI flows and stock in 2023 accounted for 11. 4％ and 6. 7％ of the global total respectively，ranking third among all countries（regions）in terms of both outward FDI flows and stock（see figure 1，figure 2）.

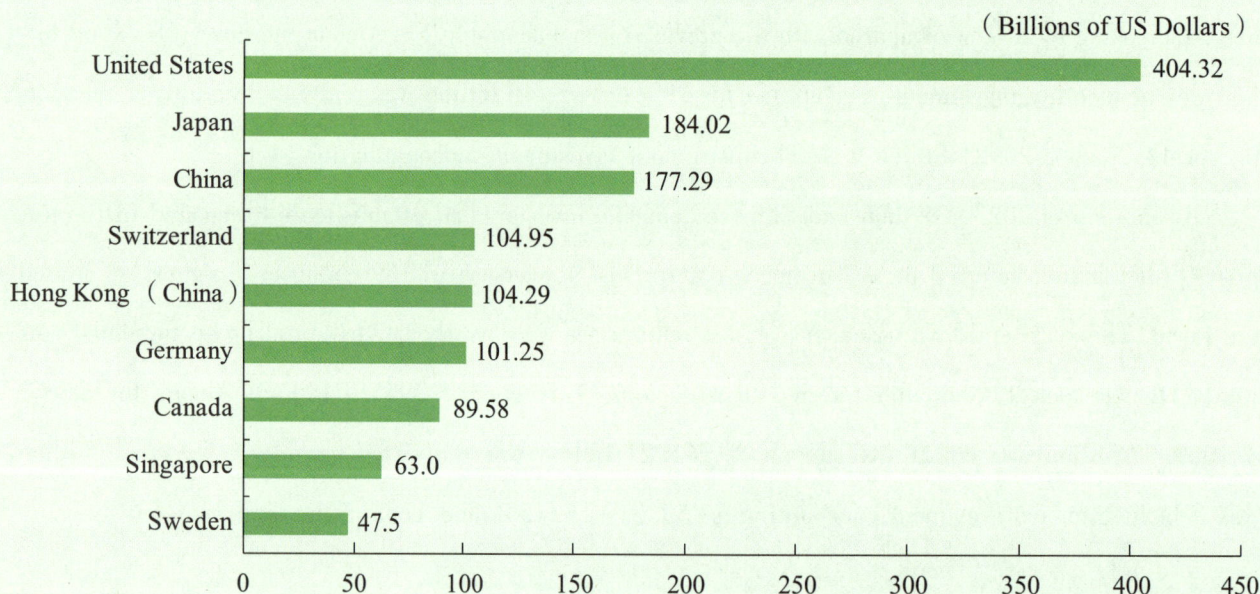

（Billions of US Dollars）

United States 404.32
Japan 184.02
China 177.29
Switzerland 104.95
Hong Kong （China） 104.29
Germany 101.25
Canada 89.58
Singapore 63.0
Sweden 47.5

Figure 1　FDI Outflows of China and Other Major Countries（Regions），2023

（ Billions of US Dollars ）

United States	9434.0
Netherlands	3386.3
China	2955.4
Canada	2746.9
Germany	2179.2
Japan	2132.6
United Kingdom	2124.2
Hong Kong（China）	2028.5
Singapore	1792.3
Luxembourg	1679.1
France	1635.7
Switzerland	1473.0

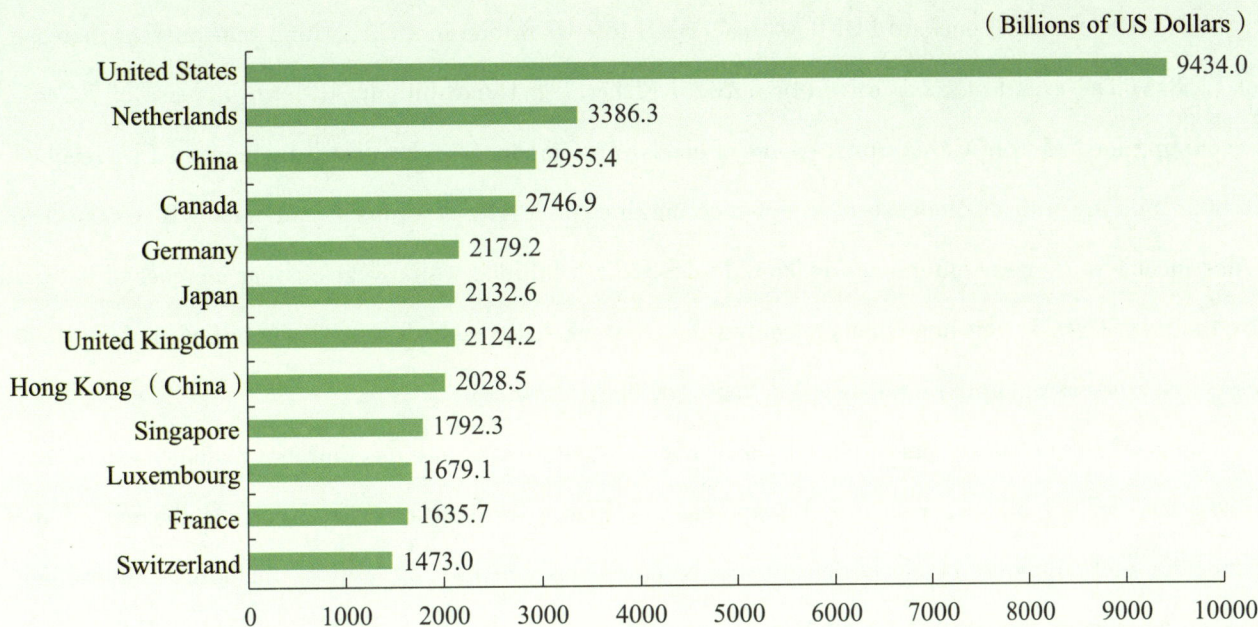

Figure 2   Outward FDI Stock of China and Other Major Countries（Regions）, 2023

Data source: Data on China's outward FDI in 2023 is based on *Statistical Bulletin of China's Outward Foreign Direct Investment*, and data on other countries（regions）is based on *the World Investment Report* 2024 by UNCTAD.

In 2023, China's financial outward FDI flows reached ＄18.22 billion, with a year-on-year decrease of 17.6％. Among the flows, ＄7.85 billion went to the monetary financial services sector（the former banking industry）, taking up a share of 43.1％.

By the end of 2023, financial outward FDI stock had reached ＄323.82 billion, among which ＄155.1 billion had gone to the monetary financial services category, ＄8.74 billion had gone to insurance industry, ＄21.4 billion had gone to capital market services（the former securities industry）and ＄138.58 billion had gone to other financial industries, accounting for 47.9％, 2.7％, 6.6％ and 42.8％ of the total respectively.

By the end of 2023, China's state-owned commercial banks[3] had established 101 branch offices and 69 affiliated institutions in 51 countries（regions）including the United States, Japan, the United Kingdom, etc. These overseas enterprises had employed around 52 thousand staffs, 48 thousand of whom had been of foreign nationalities, taking up a share of 92.3％. By the end of 2023, China had established 22 overseas insurance agencies.

---

③   China's state-owned banks include Bank of China, Agricultural Bank of China, Industrial and Commercial Bank of China, China Construction Bank, Bank of Communications and Postal Savings Bank of China.

The non-financial outward FDI flows reached ＄159.07 billion in 2023, with a year-on-year increase of 12.8％. The export of goods driven by outward FDI was ＄186.8 billion, with an increase of 7.2％, accounting for 5.5％ of China's total export of goods. The import of goods driven by outward FDI reached ＄86.3 billion, with an increase of 4.8％, accounting for 3.4％ of China's total import of goods. The sales income of overseas enterprises amounted to ＄3492.5 billion, with a year-on-year increase of 0.5％. By the end of 2023, the non-financial outward FDI stock had reached ＄2631.58 billion and the total assets of overseas enterprises had reached ＄5.9 trillion.

In 2023, the total amount of taxes paid by overseas enterprises to the countries (regions) where they invest was ＄75.3 billion, with a 0.3％ increase comparing with the previous year. At the end of the year, the total number of employees of overseas enterprises reached 4.289 million, including 2.57 million foreign employees, accounting for 59.9％ of the total, with an increase of 77 thousand employees compared with the previous year.

2. The Flows and Stock of China's Outward FDI

Table 2   China's Annual Outward FDI Flows and Stock since the Promulgation of Outward FDI Statistics System

Year	Flows			Stock	
	Amount/Billions of US Dollars	Global Ranking	Year-on-Year Growth Rate /%	Amount/Billions of US Dollars	Global Ranking
2002	2. 70	26	—	29. 90	25
2003	2. 85	21	5. 6	33. 20	25
2004	5. 50	20	93. 0	44. 80	27
2005	12. 26	17	122. 9	57. 20	24
2006	21. 16	13	43. 8	90. 63	23
2007	26. 51	17	25. 3	117. 91	22
2008	55. 91	12	110. 9	183. 97	18
2009	56. 53	5	1. 1	245. 75	16
2010	68. 81	5	21. 7	317. 21	17
2011	74. 65	6	8. 5	424. 78	13
2012	87. 80	3	17. 6	531. 94	13
2013	107. 84	3	22. 8	660. 48	11
2014	123. 12	3	14. 2	882. 64	8
2015	145. 67	2	18. 3	1 097. 86	8
2016	196. 15	2	34. 7	1 357. 39	6
2017	158. 29	3	−19. 3	1 809. 04	2
2018	143. 04	2	−9. 6	1 982. 27	3
2019	136. 91	2	−4. 3	2 198. 88	3
2020	153. 71	1	12. 3	2 580. 66	3
2021	178. 82	2	16. 3	2 785. 15	3
2022	163. 12	2	−8. 8	2 754. 81	3
2023	177. 29	3	8. 7	2 955. 40	3

Note: 1. Data of 2002−2005 includes only non-financial outward FDI, and data of 2006−2023 includes outward FDI in all industries.

2. Annual growth rate of the year 2006 refers to that of the non-financial outward FDI.

2. 1 China's outward FDI flows in 2023

2. 1. 1 China's outward FDI flows ranked third in the world, with its global share increasing by 0. 5 percentage points.

According to *the World Investment Report* 2024 by UNCTAD, in 2023 global FDI outflows reached ＄1. 55 trillion, with a year-on-year decrease of 2％. Among them, foreign investment of developed economies[④]reached ＄1. 06 trillion, with a year-on-year increase of 3. 5％, accounting for 68. 3％ of the global flows. Foreign investment of developing economies reached ＄491. 3 billion, with a year-on-year decrease of 10. 9％, accounting for 31. 7％ of the total.

In 2023, China's outward FDI flows reached ＄177. 29 billion, representing an increase of 8. 7％ compared with the previous year, reaching the third highest historical level. China's share in the global outward FDI flows accounted for 11. 4％, with an increase of 0. 5 percentage points from the previous year (see figure 3).

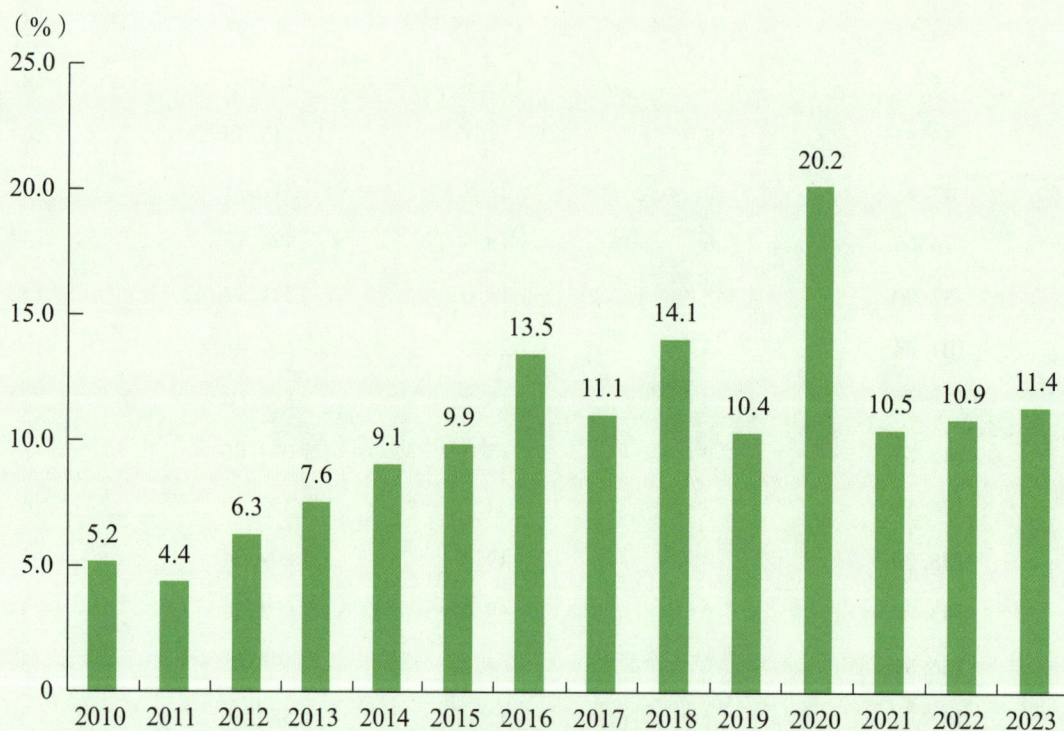

Figure 3 China's Percentage Share in World FDI Outflows, 2010−2023

Since the release of the annual statistics of outward FDI, China has ranked among the top three in terms of outward FDI flows for 12 consecutive years, and its status of being a major outward investor has be-

④ According to UNCTAD, developed economies include the European Union, other European countries, Canada, the United States, Australia, Bermuda, Israel, Japan, Republic of Korea and New Zealand.

come increasingly solidified. The flows in 2023 were 65.7 times as much as the flows in 2002, with an average annual growth rate of 22.1%. Since the 18th National Congress of the Communist Party of China, China's accumulated FDI has reached $1.68 trillion, equivalent to 57% of the year-end stock, accounting for more than 10% of the global total for eight consecutive years, and has paid $518.5 billion in various taxes in the countries (regions) where the investment is located, providing more than 2 million jobs every year. The contribution of China's foreign investment to global economy has been increasingly prominent (see figure 4, figure 5).

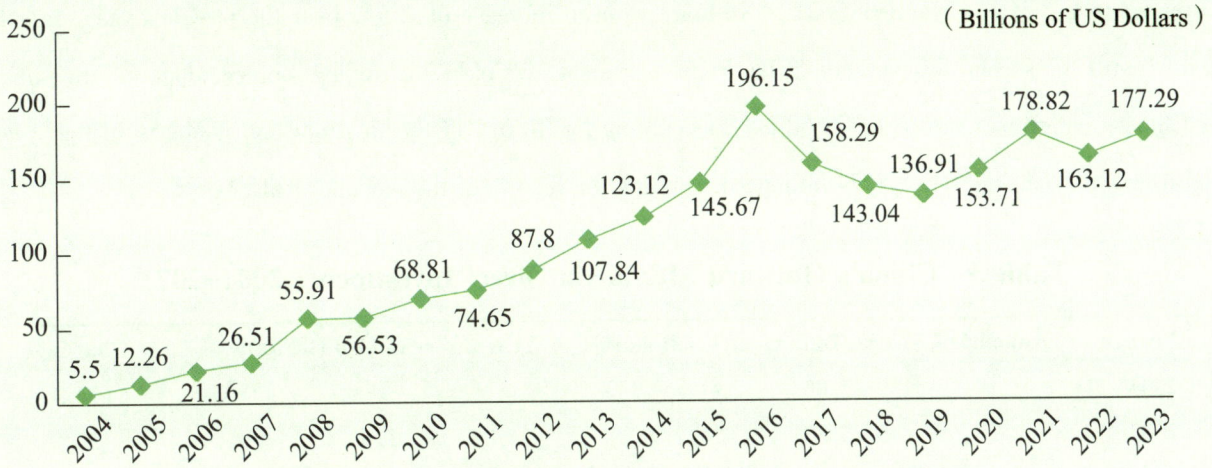

(Billions of US Dollars)

Figure 4 Outward FDI Flows of China, 2004—2023

Data source: *Statistical Bulletin of China's Outward Foreign Direct Investment.*

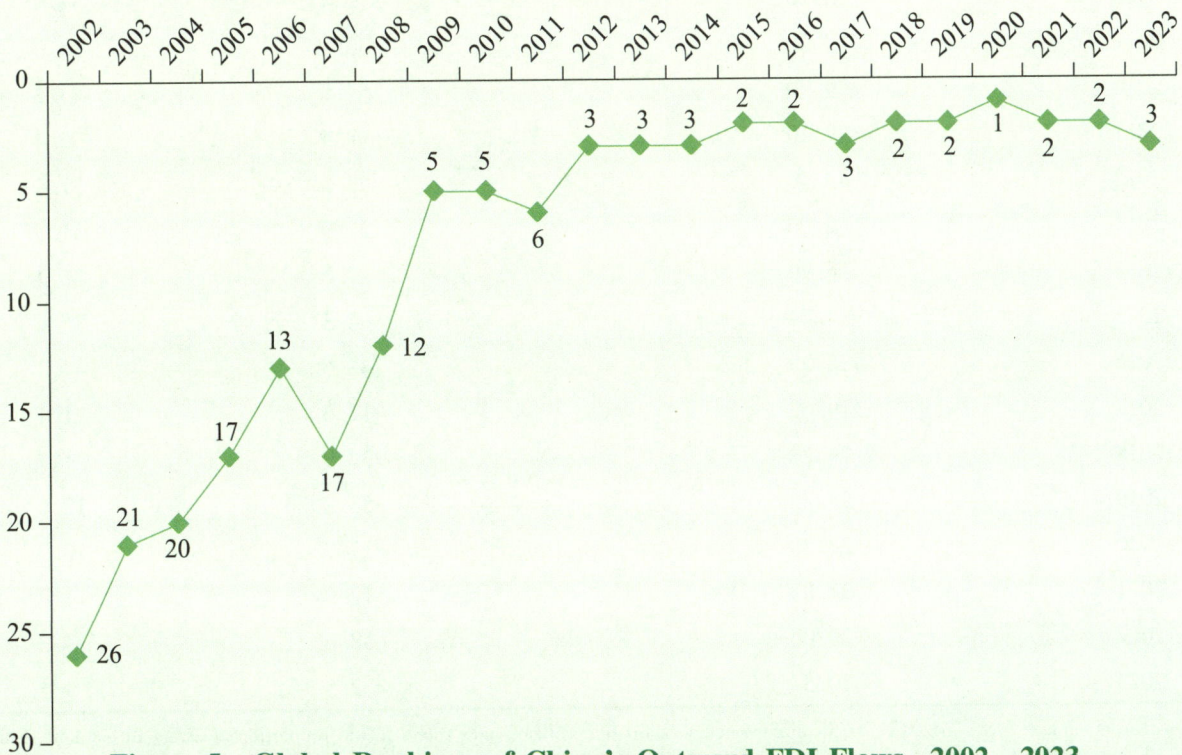

Figure 5 Global Rankings of China's Outward FDI Flows, 2002—2023

Data source: *Statistical Bulletin of China's Outward Foreign Direct Investment.*

2.1.2　The scale of outward M&As slightly increased, but it was still at a historically low level.

In 2023, the global economic recovery has been weak, geopolitical conflicts have intensified, and protectionism and unilateralism have risen. Affected by multiple factors, global cross-border M&A transactions decreased by 15%, and the transaction size dropped to the lowest point in 10 years. In 2023, Chinese enterprises implemented 383 outward M&A projects in 53 countries (regions). The actual transaction volume of China's outward M&As reached ＄20.57 billion, with an increase of 2.5% over the previous year, but the scale is still the second lowest since 2010. From the perspective of M&A funding sources, domestic investment by Chinese enterprises was ＄16.78 billion, accounting for 81.6% of the total amount of M&As in that year, and overseas financing was ＄3.79 billion, accounting for 18.4% of the amount of M&As.

Table 3　China's Outward M&As via Direct Investment, 2004−2023

Year	Amount of M&As/Billions of US Dollars	Year-on-Year Growth Rate/%	Share/%
2004	3.00	—	54.4
2005	6.50	116.7	53.0
2006	8.25	26.9	39.0
2007	6.30	−23.6	23.8
2008	30.20	379.4	54.0
2009	19.20	−36.4	34.0
2010	29.70	54.7	43.2
2011	27.20	−8.4	36.4
2012	43.40	59.6	31.4
2013	52.90	21.9	31.3
2014	56.90	7.6	26.4
2015	54.44	−4.3	25.6
2016	135.33	148.6	44.1
2017	119.62	−11.6	21.1
2018	74.23	−37.9	21.7
2019	34.28	−53.8	12.6
2020	28.20	−17.7	10.7
2021	31.83	12.9	11.4
2022	20.06	−37.0	9.3
2023	20.57	2.5	9.5

Note: The amount of M&A in 2012−2023 includes overseas financing. The share refers to the proportion of direct investment in total flows.

In 2023, Chinese enterprises' cross-border M&As involved 17 industrial sectors, including manufacturing, leasing and business services, information transmission/software and information technology services, etc. In terms of the amount of M&As, manufacturing ranked first with $7.72 billion and 127 projects. Leasing and business services ranked second with $3.37 billion, involving 29 projects. Information transmission/software and information technology services ranked third with $2.37 billion, involving 38 projects (see table 4).

In 2023, Chinese enterprises' outward cross-border M&As were distributed in 53 countries (regions) in the world. In terms of the amount of M&As, Singapore, the Cayman Islands, Hong Kong (China), Indonesia, Poland, the United States, the Republic of Korea, the United Kingdom, Germany and Laos ranked top 10 (see figure 6).

Table 4   Industrial Distributions of China's Cross-border M&As, 2023

Industry	Number of Deals	Amount/ Billions of US Dollars	Share of Amount /%
Manufacturing	127	7.72	37.5
Leasing and Business Services	29	3.37	16.4
Information Transmission, Software and Information Technology Services	38	2.37	11.5
Mining	29	1.65	8.0
Scientific Research and Technical Services	45	1.32	6.4
Production and Supply of Electricity, Heat, Gas and Water	15	1.27	6.2
Wholesale and Retail Trade	43	0.79	3.9
Real Estate	4	0.60	2.9
Agriculture, Forestry, Animal Husbandry and Fishery	5	0.59	2.9
Transportation, Storage and Postal Services	25	0.27	1.3
Accommodation and Catering	7	0.21	1.0
Education	2	0.11	0.5
Construction	4	0.11	0.5
Finance	3	0.10	0.5
Others	7	0.09	0.5
Total	**383**	**20.57**	**100.0**

In 2023, Chinese enterprises carried out 111 M&A projects in Belt and Road partner countries, amounting to $12.13 billion and accounting for 59% of the total oumount of M&As. Among the countries involved, Singapore, Indonesia, Poland, the Republic of Korea and Laos attracted M&A investment of more than ＄500 million from Chinese enterprises.

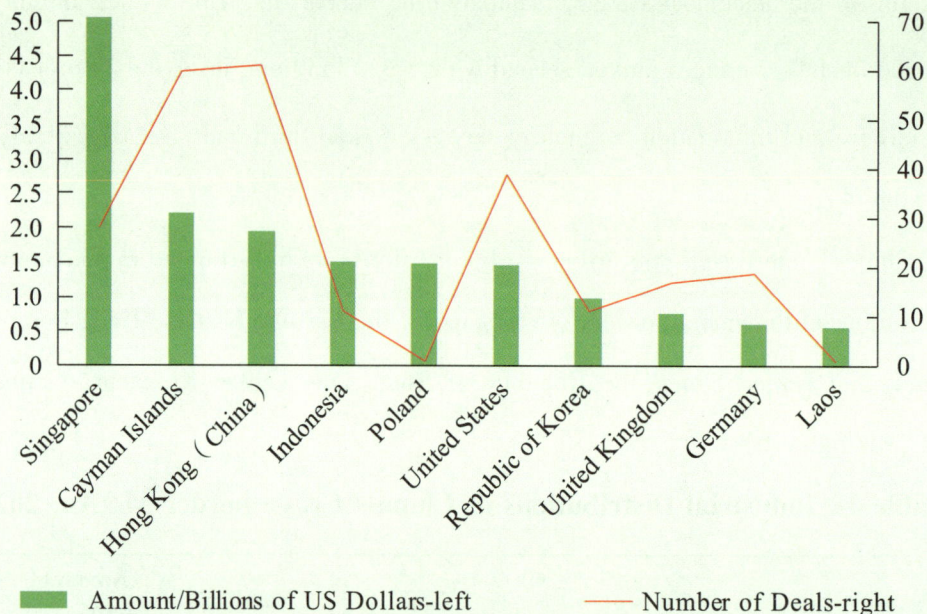

Figure 6   Top 10 Destinations of Chinese Enterprises' Cross−border M&As in 2023 (by Value of M&As)

2.1.3   Reinvested earnings accounted for more than 40％ of the total, while the equity investment increased by 18.8％.

In terms of the composition of outward FDI flows, in 2023, the operation of overseas enterprises was in good condition, and nearly 70％ of the enterprises were profitable or break−even. The reinvested earnings of the year (i.e. newly added retained earnings) was ＄78.46 billion with a year-on-year decrease of 2.4％, which reached a record third−highest level, accounting for 44.2％ of China's outward FDI flows in the same period.

In 2023, the equity investment reached a new high since 2016, and the new equity investment was ＄72.62 billion, with a year-on-year increase of 18.8％, accounting for 41％ of the total flows. The new equity investment increased by 3.5 percentage points compared with the previous year. The debt instrument investment (only involving foreign non−financial enterprises) was ＄26.21 billion, with an increase of 21.3％, accounting for 14.8％ (see table 5, figure 7).

Table 5   Composition of China's Outward FDI Flows, 2006–2023

Year	Flows/ Billions of US Dollars	New Equity Investment		Current Invested Earnings		Debt Instrument investment	
		Amount/ Billions of US Dollars	Share/%	Amount/ Billions of US Dollars	Share/%	Amount/ Billions of US Dollars	Share/%
2006	21. 16	5. 17	24. 4	6. 65	31. 4	9. 34	44. 2
2007	26. 51	8. 69	32. 8	9. 79	36. 9	8. 03	30. 3
2008	55. 91	28. 36	50. 7	9. 89	17. 7	17. 66	31. 6
2009	56. 53	17. 25	30. 5	16. 13	28. 5	23. 15	41. 0
2010	68. 81	20. 64	30. 0	24. 01	34. 9	24. 16	35. 1
2011	74. 65	31. 38	42. 0	24. 46	32. 8	18. 81	25. 2
2012	87. 80	31. 14	35. 5	22. 47	25. 6	34. 19	38. 9
2013	107. 84	30. 73	28. 5	38. 32	35. 5	38. 79	36. 0
2014	123. 12	55. 73	45. 3	44. 4	36. 1	22. 99	18. 6
2015	145. 67	96. 71	66. 4	37. 91	26. 0	11. 05	7. 6
2016	196. 15	114. 13	58. 2	30. 66	15. 6	51. 36	26. 2
2017	158. 29	67. 99	42. 9	69. 64	44. 0	20. 66	13. 1
2018	143. 04	70. 40	49. 2	42. 53	29. 7	30. 11	21. 1
2019	136. 92	48. 35	35. 3	60. 63	44. 3	27. 94	20. 4
2020	153. 71	63. 03	41. 0	71. 64	46. 6	19. 04	12. 4
2021	178. 82	53. 15	29. 7	99. 30	55. 5	26. 37	14. 8
2022	163. 12	61. 13	37. 5	80. 38	49. 3	21. 61	13. 2
2023	177. 29	72. 62	41. 0	78. 46	44. 2	26. 21	14. 8

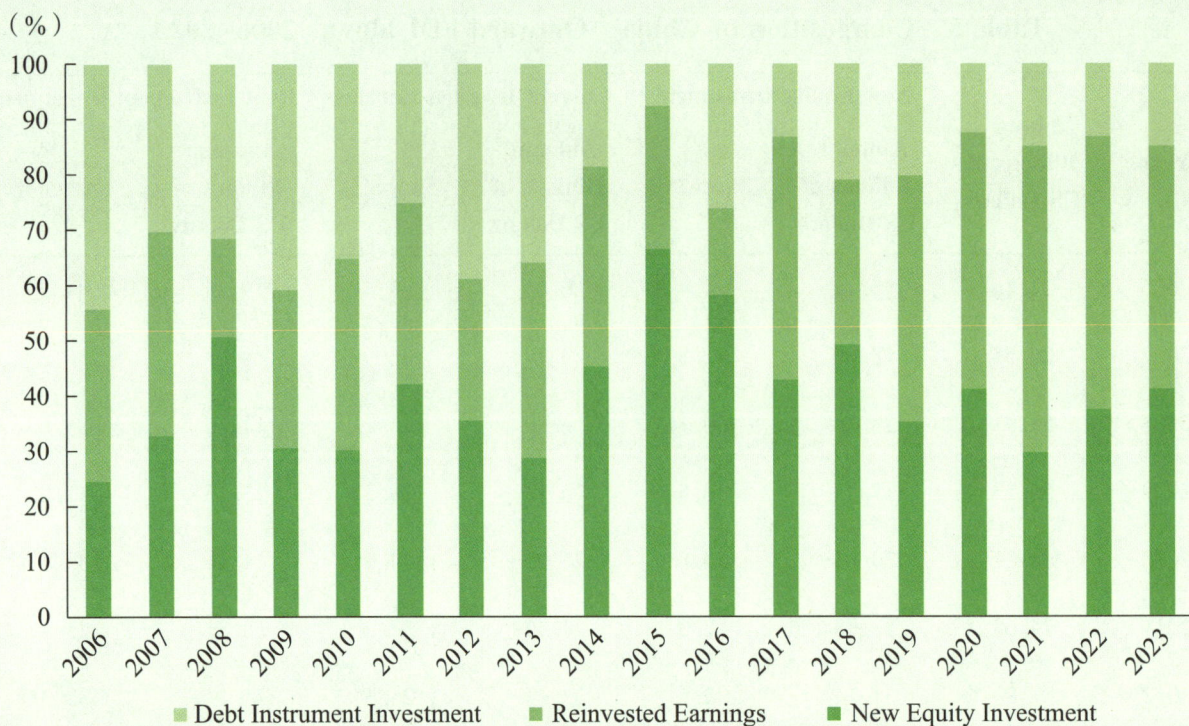

（%）

Debt Instrument Investment　　Reinvested Earnings　　New Equity Investment

Figure 7　Composition of China's Outward FDI Flows，2006－2023

2. 1. 4　The investment fields continued to diversify，with nearly 80% flowing into business services，wholesale and retail trade，manufacturing，and finance.

In 2023，China's outward FDI flows covered 18 industry categories of the national economy. Among them，the investment in leasing and business services，wholesale and retail trade，manufacturing and finance industries all exceeded ＄10 billion（see table 6）.

Investment in **the leasing and business services sector** was ＄54. 17 billion，ranking at the top of the industry categories. The investment showed a 24. 6% year-on-year increase，accounting for 30. 6% of the total flows of that year，mainly distributed in Hong Kong（China），the Cayman Islands，the British Virgin Islands，Singapore，etc.

Investment in **the wholesale and retail trade industry** received ＄38. 82 billion，with a year-on-year increase of 83. 4%，accounting for 21. 9%. Among them，the new reinvested earnings were ＄18. 73 billion，accounting for 48. 2% of the investment flows in this field，with an increase of 125. 1%. Investment flows mainly went to Hong Kong（China），Singapore，the Netherlands，the United States，Macao（China），the United Arab Emirates，Sweden，Thailand，etc.

Investment in **the manufacturing industry** reached ＄27. 34 billion，with an increase of 0. 7%

comparing with the previous year, accounting for 15.4%. Investment in this sector mainly flowed to automobile manufacturing, other manufacturing, computer/communication and other electronic equipment manufacturing, general equipment manufacturing, non-ferrous metal smelting and rolling processing, non-metallic mineral products, rubber and plastic products, pharmaceutical manufacturing, electrical machinery and equipment manufacturing, chemical raw materials and chemical products, metal products, special equipment manufacturing, etc.

Flows to **the financial industry** were $18.22 billion, with a year-on-year decrease of 17.6%, accounting for 10.3%. In 2023, the direct investment of domestic investors in China's financial industry to overseas financial enterprises reached $17.42 billion; domestic investors in China's non-financial industry invested $800 million in overseas financial enterprises.

The total investment in the four major areas mentioned above was $138.55 billion, accounting for 78.1% of the annual investment flows.

In addition, investment in **the mining industry** in 2023 was $9.88 billion, with a year-on-year decrease of 34.6%, accounting for 5.6% of the total flows.

Investment in **the transportation/storage and postal services industry** received $8.44 billion, with a year-on-year decrease of 43.9%, accounting for 4.8% of the total flows.

Investment in **the scientific research and technology services industry** received $5.05 billion, with a 4.8% year-on-year increase, accounting for 2.8% of the total flows.

Investment in **the production and supply of electricity/heat/gas and water** in 2023 was $4.65 billion, with a year-on-year decrease of 14.7%, accounting for 2.6% of the total flows.

Investment in **the construction industry** received $2.86 billion, with a year-on-year increase of 97.2%, accounting for 1.6% of the total flows.

Investment in **the information transmission/software and information technology services industry** received $2.28 billion, with a 34.9% year-on-year increase, accounting for 1.3% of the total flows.

Investment in **the agriculture/forestry/animal husbandry and fishery industry** reached $1.82 billion, with a 256.9% year-on-year increase, accounting for 1% of the total flows.

Investment in **the real estate industry** received $1.42 billion, with a 35.8% year-on-year decrease, accounting for 0.8% of the total flows.

Table 6　Industrial Distribution of China's Outward FDI Flows，2023

Industry	Flows/Billions of US Dollars	Year-on-Year Growth Rate/%	Share/%
Total	177. 29	8. 7	100. 0
Leasing and Business Services	54. 17	24. 6	30. 6
Wholesale and Retail Trade	38. 82	83. 4	21. 9
Manufacturing	27. 34	0. 7	15. 4
Finance	18. 22	−17. 6	10. 3
Mining	9. 88	−34. 6	5. 6
Transportation，Storage and Postal Services	8. 44	−43. 9	4. 8
Scientific Research and Technical Services	5. 05	4. 8	2. 8
Production and Supply of Electricity，Heat，Gas and Water	4. 65	−14. 7	2. 6
Construction	2. 86	97. 2	1. 6
Information Transmission，Software and Information Technology Services	2. 28	34. 9	1. 3
Agriculture，Forestry，Animal Husbandry and Fishery	1. 82	256. 9	1. 0
Real Estate	1. 42	−35. 8	0. 8
Resident Services，Repairs and Other Services	1. 05	54. 4	0. 6
Accommodation and Catering	0. 95	9500. 0	0. 5
Water，Environment and Public Facilities Management	0. 24	33. 3	0. 1
Health and Social Work	0. 16	−44. 8	0. 1
Education	0. 08	−66. 7	—
Culture，Sports and Entertainment	−0. 14	—	—

2. 1. 5　Investment flowing into Asia and Africa experienced rapid growth，while investment in Oceania and Latin America declined significantly.

In 2023，FDI flows to **Asia** were ＄141. 60 billion，representing an increase of 13. 9％ compared with the previous year. It accounted for 79. 9％ of the total FDI outflows in that year，showing an increase of 3. 7 percentage points from the previous year. Among them，investment in Hong Kong（China）was ＄108. 77 billion，with a 11. 5％ year-on-year increase，accounting for 76. 8％ of investment in Asia；investment in the 10 ASEAN countries amounted to ＄25. 12 billion，with a year-on-year increase of

34.7%, accounting for 17.7% of investment in Asia.

Investment in **Latin America** was $13.48 billion, with a 17.6% year-on-year decrease, accounting for 7.6% of FDI outflows that year. The flows mainly went to the Cayman Islands, the British Virgin Islands, Mexico, Brazil, Chile, Colombia, Ecuador, Bolivia, etc.

FDI flows to **Europe** were $9.97 billion, with a 3.6% year-on-year decrease, accounting for 5.6% of the FDI outflows of the year. Most flows went to Luxembourg, the United Kingdom, the Netherlands, Sweden, Germany, the Russian Federation, Serbia, Hungary, Switzerland, Ireland, Italy, the Czech Republic, Georgia, etc.

Investment in **North America** was $7.78 billion, with a 7% year-on-year increase, accounting for 4.4% of FDI flows of the year. Among them, the investment in the United States was $6.91 billion, with a 5.2% year-on-year decrease; investment in Canada was $350 million, with a year-on-year increase of 141%.

Investment in **Africa** reached $3.96 billion, with a 118.8% year-on-year increase, accounting for 2.2% of the FDI flows of the year. Flows mainly went to Niger, South Africa, Angola, Morocco, the Republic of the Congo, Algeria, Egypt, Kenya, Zimbabwe, Nigeria, Mauritius, the Democratic Republic of the Congo, Eritrea, Zambia, etc.

Flows to **Oceania** were $510 million, with a year-on-year decrease of 83.4%, accounting for 0.3% of the FDI outflows that year, mainly going to Australia, New Zealand, the Solomon Islands, etc (see table 7).

Table 7　Regional Distribution of China's Outward FDI Flows, 2023

Continent	Amount/Billions of US Dollars	Year-on-Year Growth Rate/%	Share/%
Asia	141.60	13.9	79.9
Latin America	13.48	−17.6	7.6
Europe	9.97	−3.6	5.6
North America	7.78	7.0	4.4
Africa	3.96	118.8	2.2
Oceania	0.51	−83.4	0.3
Total	**177.29**	**8.7**	**100.0**

Note: Due to the roundingoff reasons, the subentries may not add up to the aggregate totals. The remainder is the same.

In 2023, Chinese enterprises invested ＄40.71 billion in Belt and Road partner countries, with an increase of 31.5％ over the previous year, accounting for 23％ of the FDI outflows of the year.

Table 8　Top 20 Countries（Regions）of China's Outward FDI Flows, 2023

Rank	Country（Region）	Flows/Billions of US Dollars	Share of Total/％
1	Hong Kong(China)	108.77	61.4
2	Singapore	13.10	7.4
3	Cayman Islands	8.73	4.9
4	United States	6.91	3.9
5	Indonesia	3.13	1.8
6	Vietnam	2.59	1.5
7	British Virgin Islands	2.55	1.4
8	Luxembourg	2.33	1.3
9	Thailand	2.02	1.1
10	United Arab Emirates	1.78	1.0
11	United Kingdom	1.67	0.9
12	Kazakhstan	1.62	0.9
13	Malaysia	1.43	0.8
14	Cambodia	1.38	0.8
15	Laos	1.16	0.7
16	Mexico	1.08	0.6
17	Netherlands	0.90	0.5
18	Macao（China）	0.76	0.4
19	Sweden	0.74	0.4
20	Republic of Korea	0.66	0.4
	Total	**163.31**	**92.1**

2.1.6　Nearly 60％ of non-financial investments came from local enterprises, while the central enterprises and units investments grew by over 20％.

In 2023, the non-financial outward direct investment by central enterprises and units was ＄66.23 billion, with a 20.5％ year-on-year increase, accounting for 41.6％ of the national non-financial flows. The non-financial outward direct investment of local enterprises reached ＄92.84 billion, with a year-on-year increase of 7.9％, accounting for 58.4％ of the total flows. Among them, outflows from the **eastern region** reached ＄76.05 billion, with a 14.3％ year-on-year increase, accounting for 81.9％ of the local investment outflows; ＄9.59 billion was from the **central region**, with a year-on-year increase of 2.2％, accounting for 10.3%; outflows from the **western region** amounted to ＄6.56 billion, with a year-on-year decrease of 29.8%, accounting for 7.1%; outflows from the **three northeast provinces** reached ＄640 million, with a decrease of 16.9%, accounting for 0.7% (see table 9). Zhejiang, Guangdong, Shanghai, Jiangsu, Shandong, Hainan, Beijing, Fujian, Henan and Hebei ranked the top 10 in terms of outward direct investment flows, with a total of ＄77.13 billion, accounting for 83% of the local outward direct investment flows (see table 10). Shenzhen's FDI outflows reached ＄6.65 billion, ranking first among the cities separately listed on the state plan, accounting for 44.9% of the outward FDI of Guangdong.

Table 9 Regional Distribution of China's Local Outward FDI Flows, 2023

Region	Flows/Billions of US Dollars	Year-on-Year Growth Rate/%	Share/%
Eastern region	76.05	14.3	81.9
Central region	9.59	2.2	10.3
Western region	6.56	−29.8	7.1
Three Northeast Provinces	0.64	−16.9	0.7
Total	**92.84**	**7.9**	**100.0**

Note: 1. The eastern region includes Beijing, Tianjin, Hebei, Shanghai, Jiangsu, Zhejiang, Fujian, Shandong, Guangdong and Hainan.
2. The central region includes Shanxi, Anhui, Jiangxi, Henan, Hubei and Hunan.
3. The western region includes Inner Mongolia, Guangxi, Sichuan, Chongqing, Guizhou, Yunnan, Shaanxi, Gansu, Qinghai, Ningxia, Xinjiang and Xizang.
4. The three northeast provinces include Heilongjiang, Jilin and Liaoning.

Table 10 Top 10 Provinces (Municipalities) in Terms of Local Outward FDI Flows, 2023

No.	Province (Municipality)	Flows/Billions of US Dollars	Share of local flows/%
1	Zhejiang	15.64	16.9
2	Guangdong	14.80	15.9
3	Shanghai	9.87	10.6
4	Jiangsu	8.92	9.6
5	Shandong	6.95	7.5
6	Hainan	5.95	6.4
7	Beijing	5.51	5.9
8	Fujian	4.21	4.5
9	Henan	2.76	3.0
10	Hebei	2.52	2.7
	Total	**77.13**	**83.0**

2. 1. 7   The growth rate of outward FDI by public economic holding entities was higher than that of non-public economic holding entities, with its proportion representing a 4. 2 percentage points higher than the previous year.

Among China's outward non-financial investment flows in 2023, domestic investors with public economic holdings invested ＄85. 76 billion, with a year-on-year increase of 20. 9％. The amount accounted for 53. 9％ of the outward non-financial investment flows, which was 4. 2 percentage points higher than the previous year. Outward investment by non-public economic holding entities was ＄73. 31 billion, with an increase of 3. 3％ year-on-year, accounting for 46. 1％ (see figure 8).

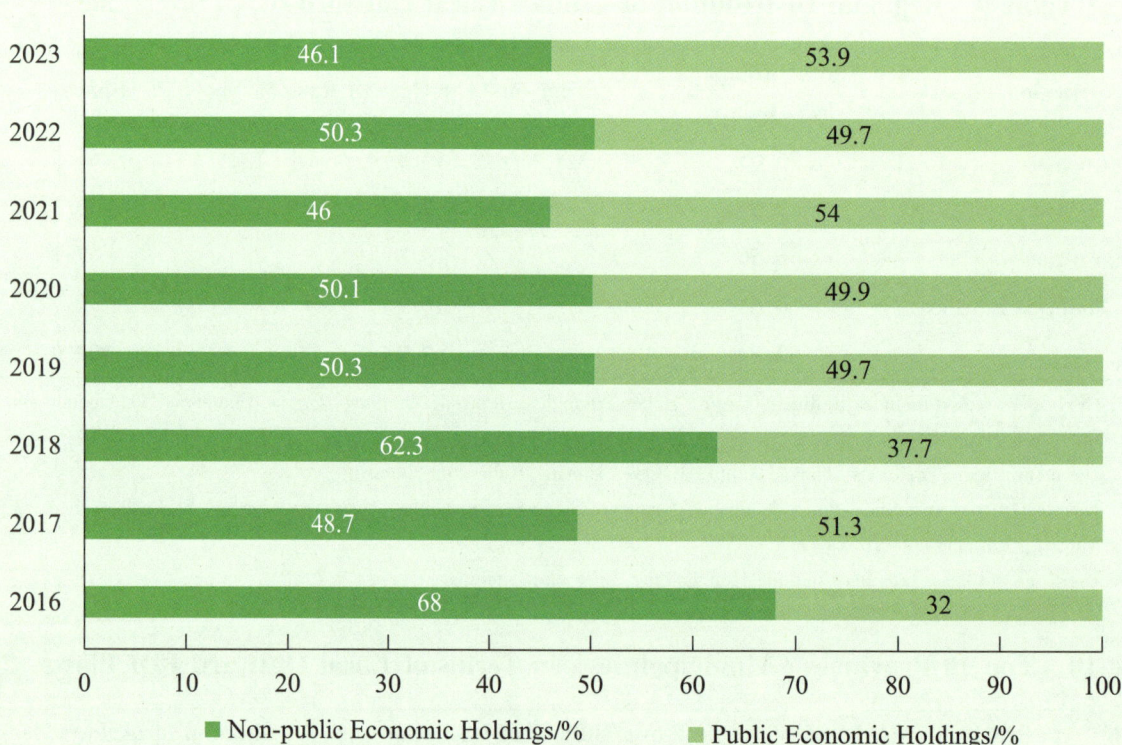

Year	Non-public Economic Holdings/%	Public Economic Holdings/%
2023	46.1	53.9
2022	50.3	49.7
2021	46	54
2020	50.1	49.9
2019	50.3	49.7
2018	62.3	37.7
2017	48.7	51.3
2016	68	32

Figure 8   Proportion of Ownership Structure in China's Outward Non-financial Direct Investment Flows from 2016−2023

2. 2   China's Outward FDI Stock by the end of 2023

2. 2. 1   The global ranking and share of China's outward FDI stock.

By the end of 2023, China's outward FDI stock had reached ＄2955. 4 billion, with an increase of ＄200. 59 billion compared with the end of the previous year[⑤], which was 98. 8 times that of the end of

⑤   In 2023, the global stock of overseas assets increased by ＄3. 8 trillion, with the United States increasing by ＄1. 5 trillion and Canada increasing by ＄0. 5 trillion.

2002. The share of global outward FDI stock increased from 0.4% in 2002 to 6.7% in 2023 and the ranking climbed from 25th to the 3rd, only inferior to the United States ($9.4 trillion) and the Netherlands ($3.4 trillion). In terms of stock size, there was still a big gap between China and the United States. China's stock size was only equivalent to 31.4% of that of the United States (see figure 9, figure 10).

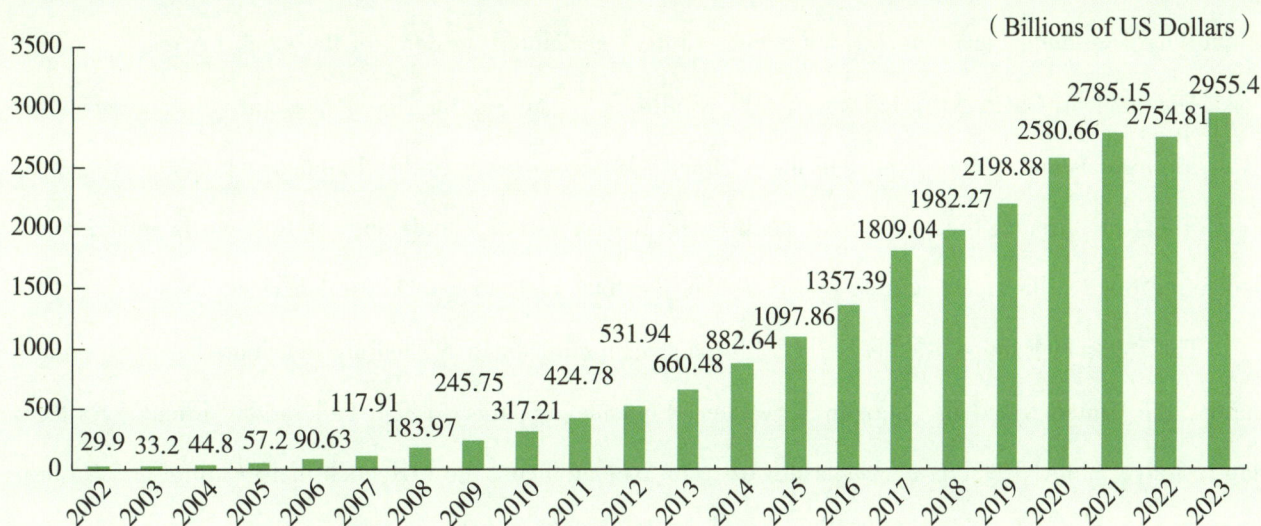

(Billions of US Dollars)

Figure 9   China's Outward FDI Stock, 2002−2023

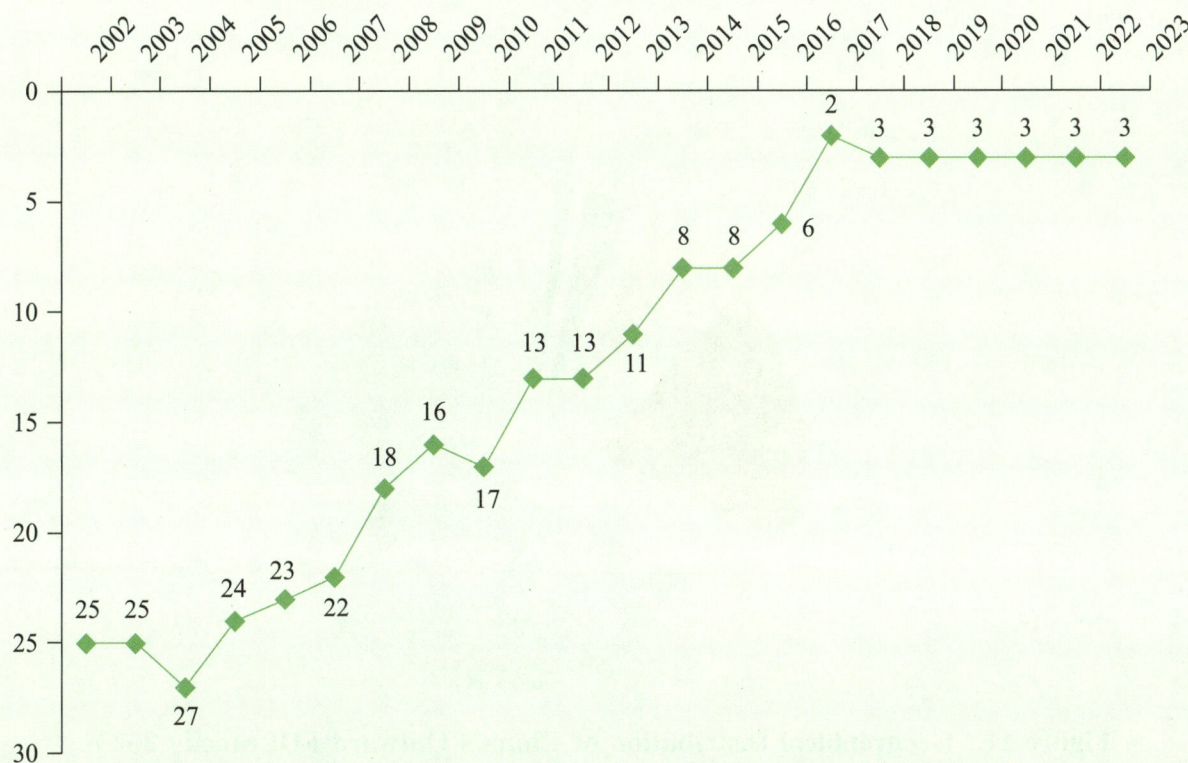

Figure 10   Global Rankings of China's Outward FDI Stock, 2002−2023

2.2.2 Country (region) distribution.

At the end of 2023, China's outward FDI stock was distributed in 189 countries (regions), accounting for 80.8% of the total number of countries (regions) in the world (see figure 11).

At the end of 2023, China's outward FDI stock in **Asia** was ＄2014.84 billion, accounting for 68.2%, mainly distributed in Hong Kong (China), Singapore, Indonesia, Macao (China), Vietnam, Malaysia, Thailand, Laos, etc.; Hong Kong (China) accounted for 87% of the stock in Asia.

The stock in **Latin America** was ＄600.8 billion, accounting for 20.3%, mainly distributed in the British Virgin Islands, the Cayman Islands, Brazil, Mexico, Peru, Chile, Bahamas, Jamaica, Panama, Argentina, etc. Among them, the total stock in the British Virgin Islands and the Cayman Islands amounted to ＄580.8 billion, accounting for 96.7% of the total FDI stock in Latin America.

The stock in **Europe** was ＄147.68 billion, accounting for 5%, mainly distributed in the Netherlands, the United Kingdom, Germany, Sweden, Luxembourg, the Russian Federation, France, Switzerland, Italy, Spain, Ireland, Serbia, Hungary, etc. Among them, the FDI stock in 17 Central and Eastern European countries were ＄5.36 billion, accounting for 3.6% of the total investment in Europe.

The stock in **North America** was ＄110.11 billion, accounting for 3.7%, mainly distributed in the United States and Canada.

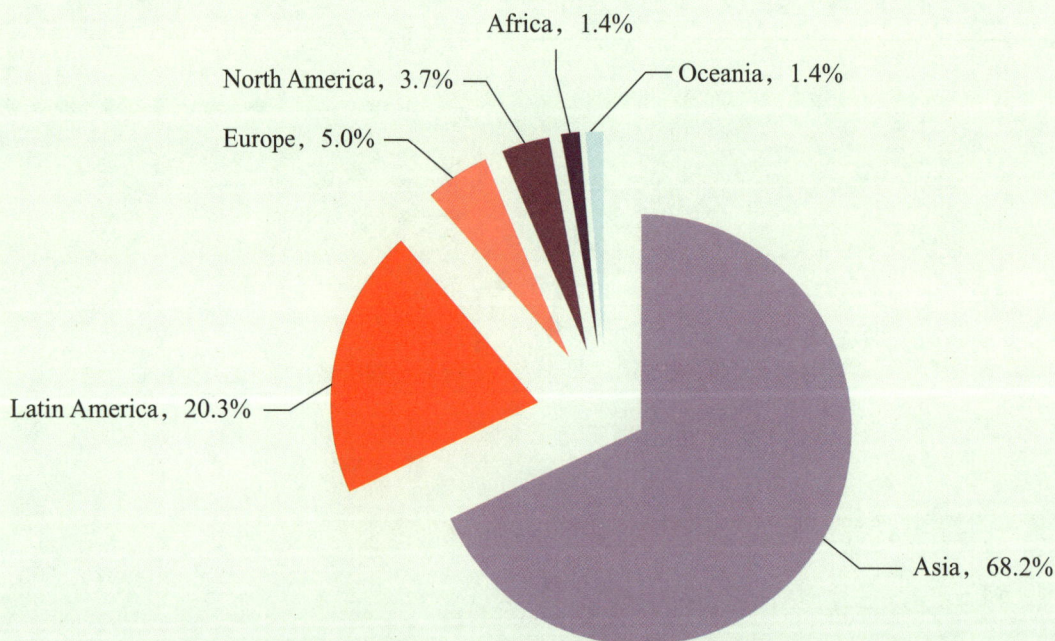

Figure 11　Geographical Distribution of China's Outward FDI Stock, 2023

The stock in **Africa** was ＄42.11 billion, accounting for 1.4%, mainly distributed in South Africa, the Democratic Republic of the Congo, Nigeria, Ethiopia, Angola, Niger, Mauritius, Kenya, Algeria, Zambia, Tanzania, Mozambique, Egypt, Zimbabwe, etc.

The stock in **Oceania** was ＄39.85 billion, accounting for 1.4%, mainly distributed in Australia, New Zealand, Papua New Guinea, Samoa, Marshall Islands, Fiji, etc.

Nearly 90% of China's outward FDI stock was distributed in developing economies. At the end of 2023, China's investment stock in developing economies reached ＄2645.69 billion, accounting for 89.5% (see figure 13), of which the stock in Hong Kong (China) amounted to ＄1752.52 billion, accounting for 66.2% of the investment stock in developing economies; the stock in ASEAN reached ＄175.62 billion, accounting for 6.6%.

At the end of 2023, China's outward FDI stock in developed economies reached ＄309.71 billion, accounting for 10.5%. Among them, the stock in the EU was ＄102.42 billion, accounting for 33.1% of the total investment stock in developed economies; the United States received ＄83.69 billion, accounting for 27%; Australia received ＄34.77 billion, accounting for 11.2%; the United Kingdom received ＄29.26 billion, accounting for 9.4%; Bermuda received ＄15.82 billion, accounting for 5.1%; the Russian Federation received ＄10.67 billion, accounting for 3.4%; Canada received ＄10.6 billion, accounting for 3.4%; the Republic of Korea received ＄6.99 billion, accounting for 2.3%; Japan received ＄5.77 billion, accounting for 1.9%; Israel received ＄2.79 billion, accounting for 0.9%; New Zealand received ＄2.6 billion, accounting for 0.9%; Switzerland received ＄2.11 billion, accounting for 0.7% (see table 12).

Table 11   Countries（regions）with FDI Stock Exceeding ＄1 trillion，by the End of 2023

Ranking	Countries（Regions）	Stock by the End of 2023/ Billions of US Dollars	Share of the World/%
1	United States	9 433.9	21.3
2	Netherlands	3 386.3	7.6
3	China	2 955.4	6.7
4	Canada	2 746.9	6.2
5	Germany	2 179.2	4.9
6	Japan	2 132.6	4.8
7	United Kingdom	2 124.2	4.8
8	Hong Kong（China）	2 028.5	4.6
9	Singapore	1 792.3	4.0
10	Luxembourg	1 679.1	3.8
11	France	1 635.7	3.7
12	Switzerland	1 472.9	3.3
13	Ireland	1 336.4	3.0
	Total	**34 903.4**	**78.7**

Note：Data on China's outward FDI in 2023 is from *Statistical Bulletin of China's Outward Foreign Direct Investment*, and data on other countries（regions）is from *the World Investment Report* 2024 by UNCTAD.

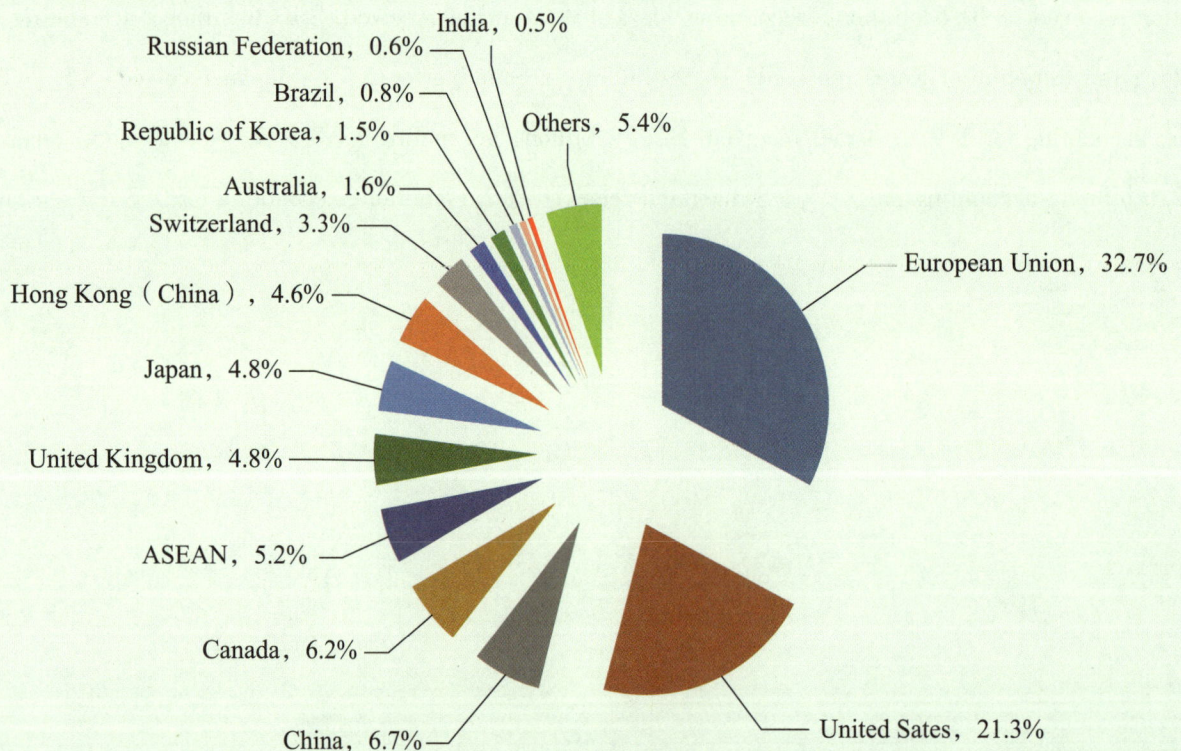

Figure 12   Proportions of Outward FDI Stock of Global Major Economies，by the End of 2023

Table 12   China's Outward FDI Stock in Developed Countries（Regions），
by the End of 2023

Economy	Stock/Billions of US Dollars	Share/%
European Union	102. 42	33. 1
United States	83. 69	27. 0
Australia	34. 77	11. 2
United Kingdom	29. 26	9. 4
Bermuda	15. 82	5. 1
Russian Federation	10. 67	3. 4
Canada	10. 60	3. 4
Republic of Korea	6. 99	2. 3
Japan	5. 77	1. 9
Israel	2. 79	0. 9
New Zealand	2. 60	0. 9
Switzerland	2. 11	0. 7
Other countries（regions）	2. 22	0. 7
Total	**309. 71**	**100. 0**

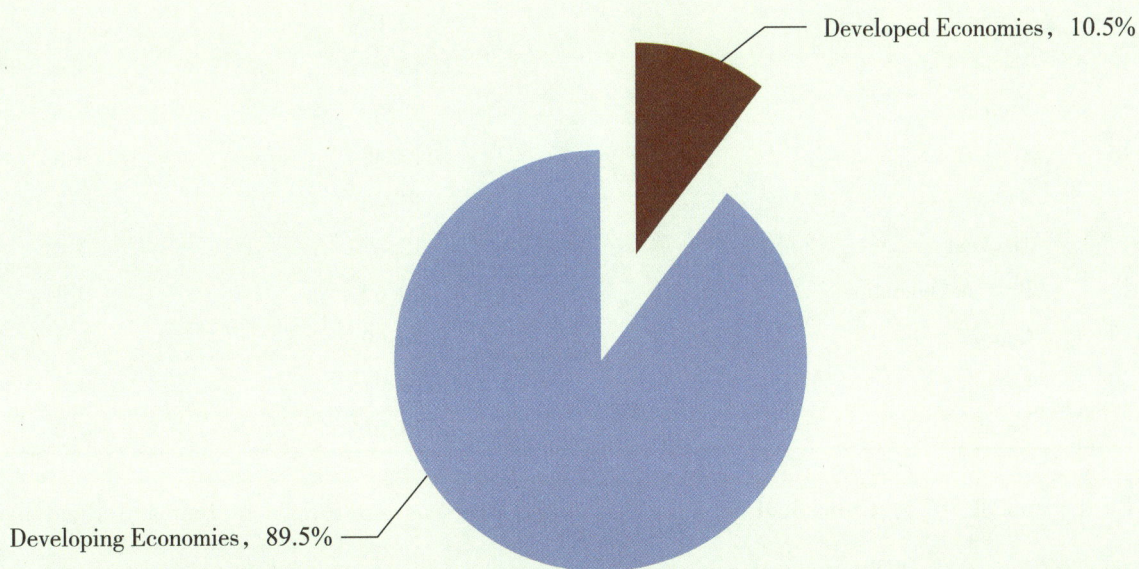

Developed Economies，10.5%

Developing Economies，89.5%

Figure 13   Composition of China's Outward FDI Stock in Economies，by the End of 2023

At the end of 2023, the stock in the top 20 countries (regions) in terms of China's outward FDI stock totaled ＄2779. 91 billion, which accounted for 94％ of China's outward FDI stock. They are Hong Kong (China), the British Virgin Islands, the Cayman Islands, Singapore, the United States, Australia, the Netherlands, the United Kingdom, Indonesia, Luxembourg, Germany, Bermuda, Macao (China), Vietnam, Malaysia, Sweden, Thailand, the Russian Federation, Canada and Laos (see table 13).

Table 13　Top 20 Countries (Regions) as Destinations of China's Outward FDI Stock, by the End of 2023

No.	Country (Region)	Stock/Billions of US Dollars	Share/%
1	Hong Kong(China)	1 752. 52	59. 3
2	British Virgin Islands	358. 89	12. 1
3	Cayman Islands	221. 91	7. 5
4	Singapore	86. 45	2. 9
5	United States	83. 69	2. 8
6	Australia	34. 77	1. 2
7	Netherlands	31. 89	1. 1
8	United Kingdom	29. 26	1. 0
9	Indonesia	26. 35	0. 9
10	Luxembourg	22. 87	0. 8
11	Germany	17. 06	0. 6
12	Bermuda	15. 82	0. 5
13	Macao(China)	13. 95	0. 5
14	Vietnam	13. 59	0. 5
15	Malaysia	13. 48	0. 5
16	Sweden	13. 46	0. 5
17	Thailand	12. 67	0. 4
18	Russian Federation	10. 67	0. 3
19	Canada	10. 60	0. 3
20	Laos	10. 01	0. 3
	Total	**2 779. 91**	**94. 0**

By the end of 2023, China had set up 17 thousand overseas enterprises in Belt and Road partner countries, with a stock of direct investment of ＄334. 84 billion, accounting for 11. 3％ of China's stock of outward FDI. The top ten countries in terms of the stock were Singapore, Indonesia, Luxembourg, Vietnam, Malaysia, Thailand, the Russian Federation, Laos, the United Arab Emirates and Cambodia.

2. 2. 3　Industrial distribution

(1) **Distribution in national economy industries.**

By the end of 2023, China's outward FDI had covered all sectors of the national economy, and there were seven industries with a stock size of over $100 billion.

The leasing and business services sector topped the list with $1179. 1 billion, accounting for 39. 9% of China's outward FDI stock, including foreign investment activities focusing on investment holding, which were mainly distributed in Hong Kong (China), the British Virgin Islands, the Cayman Islands, Singapore, the United States, Australia, the United Kingdom, Luxembourg, etc.

The wholesale and retail sector ranked second with $421. 4 billion, accounting for 14. 3%.

The financial industry received $323. 82 billion, accounting for 11% (see figure 14).

The manufacturing industry received $283. 4 billion, accounting for 9. 6%. The stock mainly distributed in automobile manufacturing, computer/communications and other electronic equipment manufacturing, other manufacturing, special equipment manufacturing, pharmaceutical manufacturing, etc. Among them, the stock in the automobile manufacturing industry was $72. 06 billion, accounting for 25. 4% of the investment stock in the manufacturing industry.

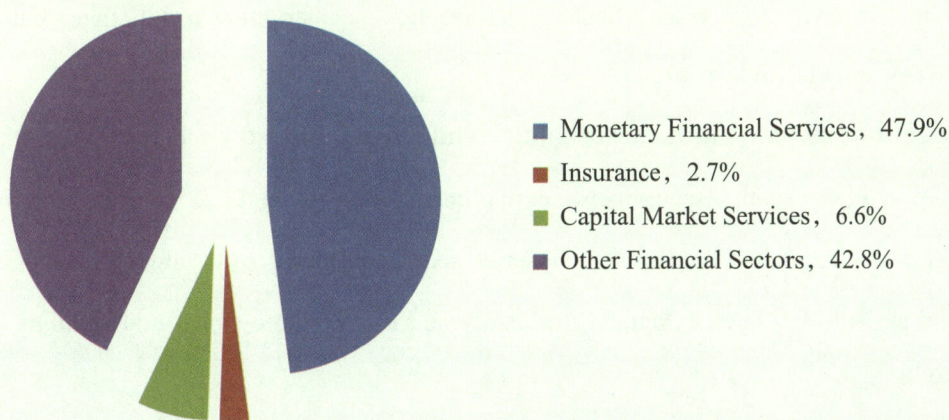

- Monetary Financial Services, 47.9%
- Insurance, 2.7%
- Capital Market Services, 6.6%
- Other Financial Sectors, 42.8%

Figure 14　Composition of China's Outward FDI Stock in the Financial Sector, by the End of 2023

The mining industry received $193. 51 billion, accounting for 6. 5%. The stock mainly distributed in oil and natural gas mining, non-ferrous metal mining, ferrous metal mining, mining and washing of coal, etc.

The information transmission/software and information technology services sector received

$ 133. 11 billion, accounting for 4. 5%, and was the area with high concentration from outward investment by Chinese natural persons.

The transportation/storage and postal services sector received $ 104. 26 billion, accounting for 3. 5%, mainly distributed in water transportation, multimodal transportation and transportation agency, air transportation, pipeline transportation, etc.

The total stock in the above seven industries were $ 2638. 6 billion, accounting for 89. 3% of China's outward FDI stock. The distribution of other major industries was as follows (see figure 15, figure 16):

The real estate industry received $ 88. 52 billion, accounting for 3%.

The production and supply of electricity/heat/gas and water industry received $ 58. 68 billion, accounting for 2%, mainly distributed in electricity/heat production and supply industry.

The scientific research and technology services industry received $ 58. 52 billion, accounting for 2% of the total, mainly distributed in science and technology promotion and application services, research and experimental development, professional technical services, etc.

The construction industry received $ 52. 5 billion, accounting for 1. 8% of the total investment, mainly distributed in civil engineering, housing construction, construction installation, building decoration and other construction industries.

The agriculture/forestry/animal husbandry and fishery industry received $ 20. 02 billion, accounting for 0. 7% of the total. Among them, agriculture accounted for 27. 5% of the total investment in the industry, forestry accounted for 18. 1%, fisheries accounted for 10. 9%, animal husbandry accounted for 3. 6%, and agricultural/forestry/animal husbandry and fishery professional and auxiliary activities accounted for 39. 9%.

The resident services/repairs and other services sector received $ 14. 13 billion, accounting for 0. 5%. Most of the stock was in other services and resident services.

The culture/sports and entertainment sector received $ 10. 15 billion, accounting for 0. 3% of the total.

The accommodation and catering industry received $ 4. 35 billion, accounting for 0. 1% of the total.

The education sector received $ 3. 75 billion, accounting for 0. 1% of the total.

The health and social work sector received ＄3. 42 billion, accounting for 0. 1%.

The water conservancy/environment and public facility management sector received ＄2. 76 billion; accounting for 0. 1%.

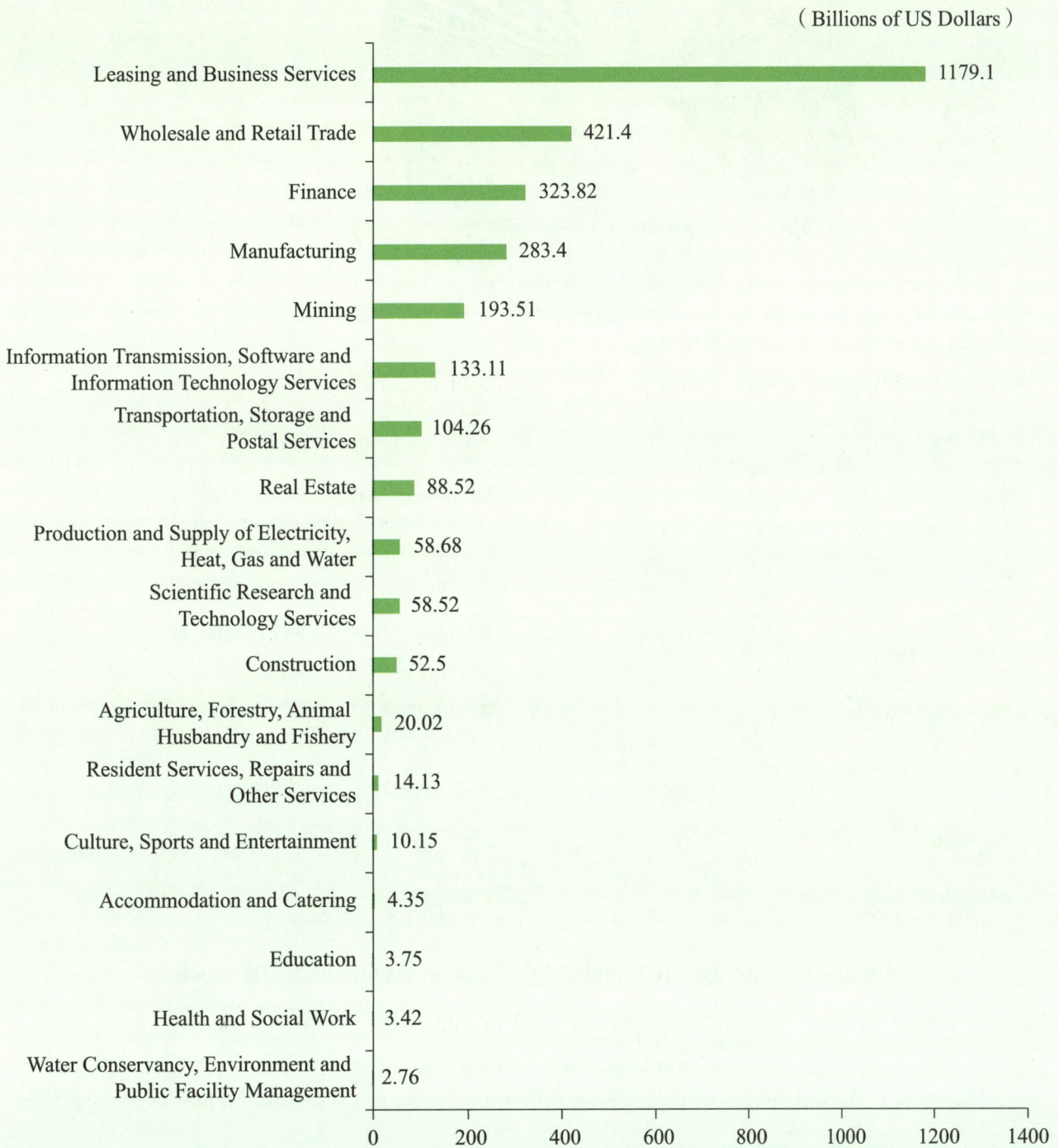

（Billions of US Dollars）

Leasing and Business Services	1179.1
Wholesale and Retail Trade	421.4
Finance	323.82
Manufacturing	283.4
Mining	193.51
Information Transmission, Software and Information Technology Services	133.11
Transportation, Storage and Postal Services	104.26
Real Estate	88.52
Production and Supply of Electricity, Heat, Gas and Water	58.68
Scientific Research and Technology Services	58.52
Construction	52.5
Agriculture, Forestry, Animal Husbandry and Fishery	20.02
Resident Services, Repairs and Other Services	14.13
Culture, Sports and Entertainment	10.15
Accommodation and Catering	4.35
Education	3.75
Health and Social Work	3.42
Water Conservancy, Environment and Public Facility Management	2.76

Figure 15   Industrial Distribution of China's Outward FDI Stock, by the End of 2023

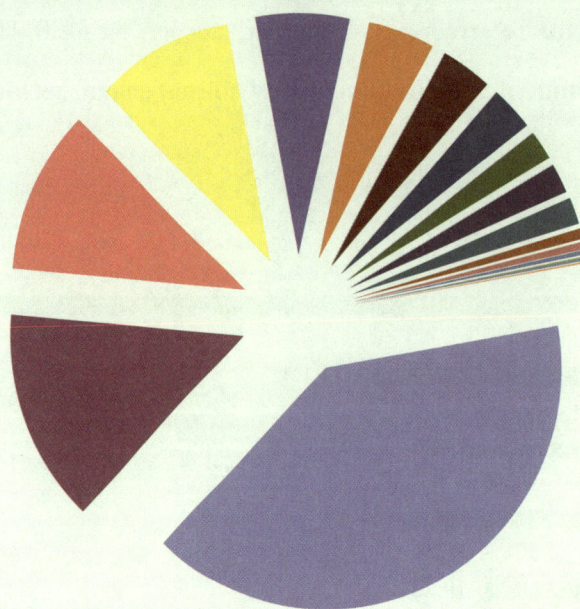

- Leasing and Business Services, 39.9%
- Finance, 11%
- Mining, 6.5%
- Transportation, Storage and Postal Services, 3.5%
- Production and Supply of Electricity, Heat, Gas and Water, 2.0%
- Construction, 1.8%
- Resident Services, Repairs and Other Services, 0.5%
- Education, 0.1%
- Health and Social Work, 0.1%

- Wholesale and Retail Trade, 14.3%
- Manufacturing, 9.6%
- Information Transmission, Software and Information Technology Services, 4.5%
- Real Estate, 3.0%
- Scientific Research and Technology Services, 2%
- Agriculture, Forestry, Animal Husbandry and Fishery, 0.7%
- Culture, Sports and Entertainment, 0.3%
- Accommodation and Catering, 0.1%
- Water Conservancy, Environment and Public Facility Management, 0.1%

Figure 16   Industrial Weightings of China's Outward FDI Stock, by the End of 2023

According to the distribution of industries in different regions, China's outward FDI in various regions is highly concentrated (see table 14).

Table 14   Top 5 Industries of China's Outward FDI Stock in Each Continent, by the End of 2023

Continent	Industry	Stock/Billions of US Dollars	Share/%
Asia	Leasing and Business Services	886.55	44.0
	Wholesale and Retail Trade	333.57	16.6
	Finance	212.08	10.5
	Manufacturing	144.13	7.1
	Mining	103.88	5.2
	Subtotal	**1 680.21**	**83.4**
Africa	Construction	14.85	35.3
	Mining	9.16	21.7
	Manufacturing	6.01	14.3
	Finance	4.91	11.7
	Leasing and Business Services	2.00	4.7
	Subtotal	**36.93**	**87.7**
Europe	Manufacturing	44.22	29.9
	Finance	26.83	18.2
	Mining	20.72	14.0
	Leasing and Business Services	15.52	10.5
	Wholesale and Retail Trade	9.20	6.2
	Subtotal	**116.49**	**78.8**
Latin America	Leasing and Business Services	260.23	43.3
	Information Transmission, Software and Information Technology Services	82.03	13.6
	Wholesale and Retail Trade	68.36	11.4
	Manufacturing	58.23	9.7
	Finance	51.65	8.6
	Subtotal	**520.50**	**86.6**
North America	Manufacturing	28.70	26.0
	Finance	23.64	21.5
	Mining	21.67	19.7
	Wholesale and Retail Trade	8.03	7.3
	Leasing and Business Services	7.82	7.1
	Subtotal	**89.86**	**81.6**
Oceania	Mining	16.38	41.1
	Leasing and Business Services	6.98	17.5
	Finance	4.72	11.9
	Real Estate	2.71	6.8
	Manufacturing	2.11	5.3
	Subtotal	**32.90**	**82.6**

（2）**Distribution in three industries.**

At the end of 2023, 79.9％ of China's outward FDI stock was concentrated in the tertiary industry （i.e. service industry）, with the amount of ＄2360.47 billion, mainly distributed in leasing and business services, wholesale and retail trade, finance, information transmission/software and information technology services, transportation/storage and postal services, real estate, etc. The secondary industry received ＄582.33 billion, accounting for 19.7％ of China's outward FDI stock. Among them, the manufacturing industry （excluding metal products/machinery and equipment repair industry）received ＄283.09 billion, accounting for 48.6％ of the secondary industry; the mining industry （excluding mining auxiliary activities）received ＄188.06 billion, accounting for 32.3％; the production and supply of electricity/heat/gas and water sector received ＄58.68 billion, accounting for 10.1％; the construction industry received ＄52.5 billion, accounting for 9％. In addition, the primary industry （the agriculture/forestry/animal husbandry/fishery industry, but excluding agriculture/forestry/animal husbandry/fishery services）received ＄12.6 billion, accounting for 0.4％ of China's outward FDI stock （see figure 17）.

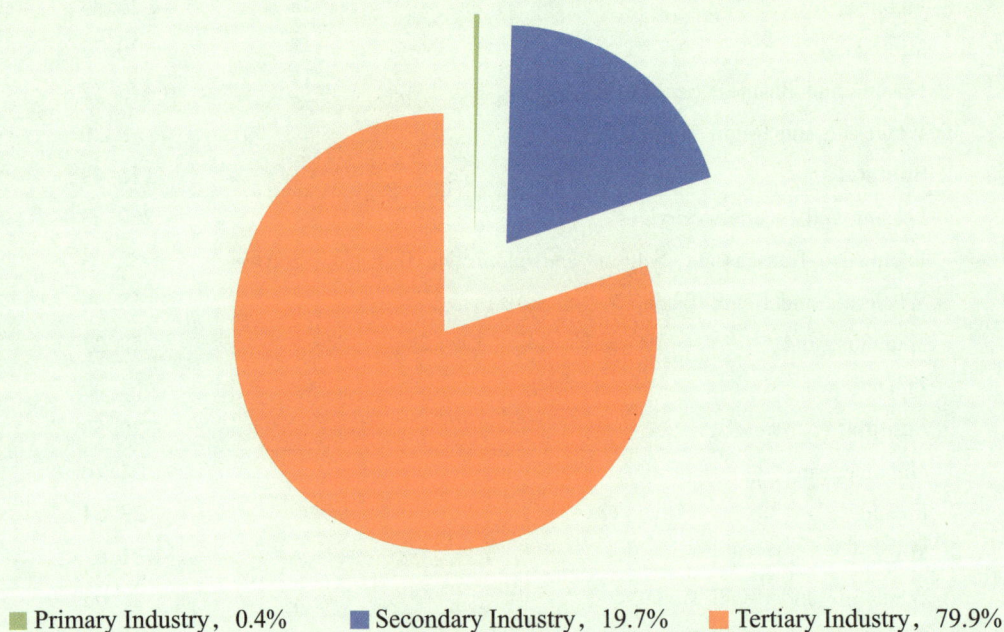

■ Primary Industry, 0.4%　■ Secondary Industry, 19.7%　■ Tertiary Industry, 79.9%

Figure 17　Industrial Distribution of China's Outward FDI Stock in Three Industries, by the End of 2023

2.2.4　Classified by types of industrial and commercial administration registration of domestic investors.

At the end of 2023, among the ＄2631.58 billion non-financial outward FDI stock, state-owned enterprises accounted for 52.2% and non-state enterprises accounted for 47.8%, including 10.7% of incorporated companies, 11.2% of limited liability companies, 7% of private enterprises, 4.7% of self-employed companies, 3.4% of foreign-invested enterprises, 1.8% of Hong Kong, Macao and Taiwan-invested enterprises, 0.4% of joint-stock cooperative enterprises, 0.4% of collective enterprises, and 8.2% of others (see figure 18, figure 19).

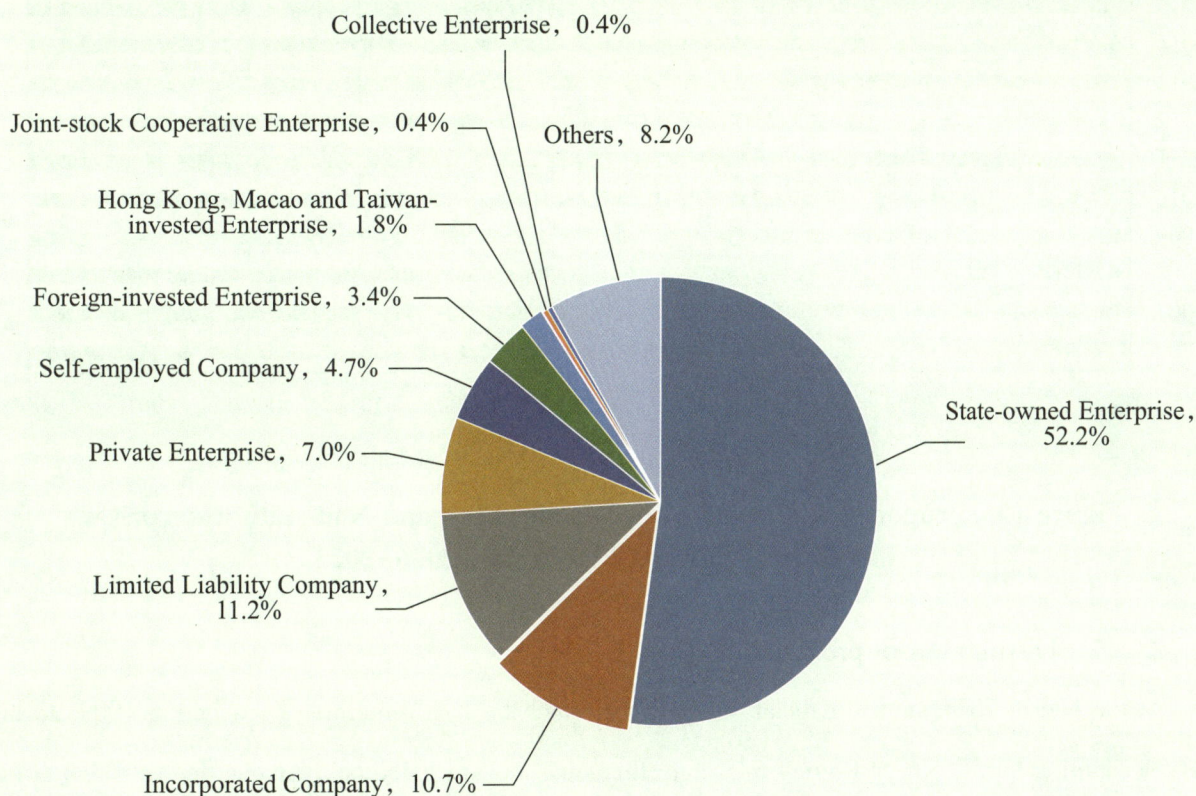

Collective Enterprise, 0.4%

Joint-stock Cooperative Enterprise, 0.4%

Others, 8.2%

Hong Kong, Macao and Taiwan-invested Enterprise, 1.8%

Foreign-invested Enterprise, 3.4%

Self-employed Company, 4.7%

Private Enterprise, 7.0%

State-owned Enterprise, 52.2%

Limited Liability Company, 11.2%

Incorporated Company, 10.7%

Figure 18   Distribution of China's Non-financial Outward FDI Stock, by Registration Types of Domestic Investor, by the End of 2023

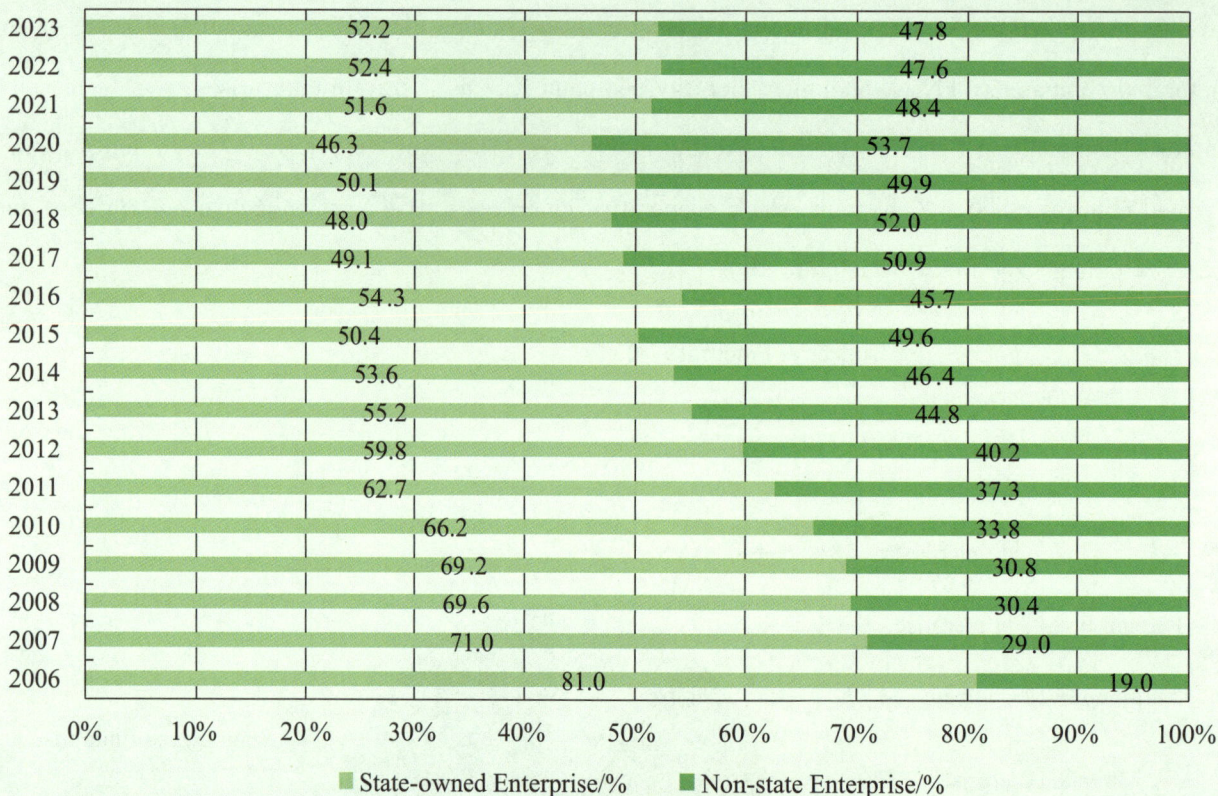

Figure 19   Proportions of State-owned Enterprises and Non-state Enterprises in China's Outward FDI Stock, 2006−2023

2.2.5   Distribution of provinces and cities.

At the end of 2023, non-financial outward FDI stock by local enterprises reached ＄1009.98 billion, accounting for 38.4％ of China's total non-financial outward FDI stock. Among them, ＄834.9 billion came from eastern China, accounting for 82.7％; ＄79.3 billion came from central China, accounting for 7.9％; ＄77.27 billion came from western China, accounting for 7.6％; ＄18.51 billion came from the three provinces in northeastern China, accounting for 1.8％ (see figure 20). Guangdong was the largest province as the source of outward FDI stock with ＄195.05 billion, followed by Shanghai with ＄167.12 billion, and Zhejiang, Beijing, Shandong, Jiangsu, Fujian, Tianjin, Anhui, Henan, etc. Among the five cities separately listed on the state plan, Shenzhen ranked first with ＄111.61 billion, accounting for 57.2％ of Guangdong's outward FDI stock, while Ningbo ranked second with ＄31.04 billion, accounting for 26.1％ of Zhejiang's stock (see table 15).

Table 15　Top 10 Provinces（Municipalities）as Sources of China's Outward FDI Stock，by the End of 2023

No.	Province（Municipality）	Stock/Billions of US Dollars
1	Guangdong	195. 05
2	Shanghai	167. 12
3	Zhejiang	119. 10
4	Beijing	104. 58
5	Shandong	77. 43
6	Jiangsu	75. 50
7	Fujian	30. 48
8	Tianjin	27. 13
9	Anhui	21. 72
10	Henan	21. 42
	Total（accounting for 83. 1% of China's local outward FDI stock）	**839. 53**

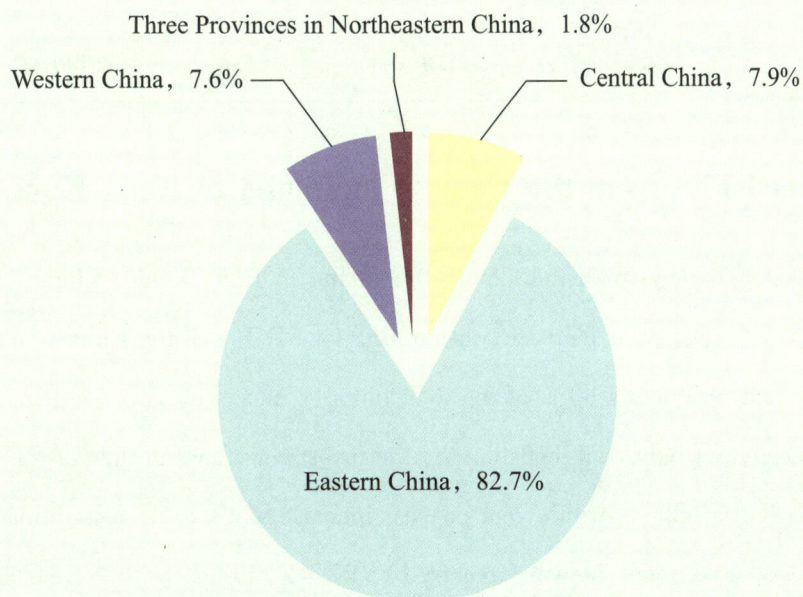

Three Provinces in Northeastern China，1.8%

Western China，7.6%

Central China，7.9%

Eastern China，82.7%

Figure 20　Regional Weightings of China's Outward FDI Stock by Local Enterprises，by the End of 2023

3. China's Outward FDI to Major Economies in the World

Table 16   China's Outward FDI to Major Economies in the World, 2023

Economy	Flows			Stock	
	Amount/ Billions of US Dollars	Year-on-Year Growth Rate/%	Share/%	Amount/ Billions of US Dollars	Share/%
Hong Kong(China)	108. 77	11. 5	61. 3	1 752. 52	59. 3
ASEAN	25. 12	34. 7	14. 2	175. 62	5. 9
European Union	6. 48	−6. 1	3. 7	102. 42	3. 5
United States	6. 91	−5. 2	3. 9	83. 69	2. 8
Australia	0. 55	−80. 4	0. 3	34. 77	1. 2
Total	**147. 83**	**11. 0**	**83. 4**	**2 149. 02**	**72. 7**

3. 1   Outward FDI from the Chinese mainland to Hong Kong (China)

In 2023, outward FDI flows from the Chinese mainland to Hong Kong (China) reached ＄108. 77 billion, with a 11. 5％ year-on-year increase, accounting for 61. 3％ of the Chinese mainland's total outward FDI flows that year and nearly 80％ of the total flows to Asia.

From the perspective of industrial distribution, the investment flows to the leasing and business services industry were ＄46. 05 billion, with a year-on-year increase of 29. 8％, accounting for 42. 3％, ranking first; the wholesale and retail industry received ＄27. 45 billion, with a year-on-year increase of 102. 2％, accounting for 25. 2％, ranking second; the mining industry received ＄8. 21 billion, with a year-on-year decrease of 31. 3％, accounting for 7. 5％; flows to the financial industry reached ＄7. 26 billion, with a year-on-year decrease of 1. 1％, accounting for 6. 7％; the manufacturing industry received ＄7. 1 billion, with a year-on-year decrease of 9. 5％, accounting for 6. 5％; the transportation/ storage and postal services industry received ＄5. 52 billion, with a year-on-year decrease of 54. 7％, accounting for 5. 1％; the scientific research and technology services industry received ＄2. 16 billion, with a year-on-year increase of 64. 7%, accounting for 2%.

By the end of 2023, the Chinese mainland had established 16 thousand FDI enterprises in Hong Kong (China), with a stock of ＄1752. 52 billion, accounting for more than half of the Chinese mainland's total outward FDI stock and 87% of the stock in Asia. In terms of industrial distribution, the leasing and business services sector received ＄856. 89 billion, accounting for 48. 9% of the total; the wholesale and retail trade sector received ＄296. 2 billion, accounting for 16. 9%; the financial sector received ＄183. 7 billion, accounting for 10. 5%; the mining industry received ＄88. 78 billion, accounting for 5. 1%; the manufacturing industry received ＄75. 66 billion, accounting for 4. 3%; the transportation/storage and postal services industry received ＄69. 28 billion, accounting for 4%; the real estate industry received ＄69. 04 billion, accounting for 3. 9%; the information transmission/software and information technology service industry received ＄35. 02 billion, accounting for 2%; the production and supply of electricity/heat/gas and water sector received ＄25. 13 billion, accounting for 1. 4%; the scientific research and technical services sector received ＄19. 48 billion, accounting for 1. 1%; the construction industry received ＄9. 8 billion, accounting for 0. 6%; the resident services/repairs and other services sector received ＄7. 6 billion, accounting for 0. 4%; the culture/sports and entertainment industry accounted for 0. 4% (see table 17).

3. 2　China's Outward FDI in ASEAN

In 2023, China's outward FDI flows to ASEAN amounted to ＄25. 12 billion, with a year-on-year increase of 34. 7%, accounting for 14. 2% of the total flows of the year and 17. 7% of the total flows to Asia. The year-end stock was ＄175. 62 billion, accounting for 5. 9% of the total stock and 8. 7% of the stock in Asia. By the end of 2023, China had set up more than 7400 FDI enterprises in ASEAN, employing more than 720 thousand foreign employees.

In terms of the industrial distribution of China's outward FDI flows, the first target industry for investment was manufacturing industry which received ＄9. 15 billion, with a year-on-year increase of 11. 4% and accounting for 36. 4% of the total, mainly flowing to Vietnam, Indonesia, Thailand and Singapore. The wholesale and retail trade sector ranked second with ＄4. 81 billion, with a year-on-year increase of 14. 6%, accounting for 19. 2%, mainly flowing to Singapore. The leasing and business services ranked third with ＄3. 18 billion, with a 429. 3% increase compared with the previous year, accounting for

Table 17   Industrial Distribution of Outward FDI From the Chinese Mainland to Hong Kong（China），2023

Industry	Flows/ Millions of US Dollars	Share/%	Stock/ Millions of US Dollars	Share/%
Leasing and Business Services	46 050. 16	42. 3	856 885. 69	48. 9
Wholesale and Retail Trade	27 450. 17	25. 2	296 204. 32	16. 9
Finance	7 258. 72	6. 7	183 696. 43	10. 5
Mining	8 207. 18	7. 5	88 784. 98	5. 1
Manufacturing	7 101. 09	6. 5	75 657. 41	4. 3
Transportation，Storage and Postal Services	5 521. 81	5. 1	69 276. 59	4. 0
Real Estate	1 454. 86	1. 3	69 036. 00	3. 9
Information Transmission，Software and Information Technology Services	1 221. 78	1. 1	35 017. 53	2. 0
Production and Supply of Electricity，Heat，Gas and Water	1 821. 01	1. 7	25 127. 28	1. 4
Scientific Research and Technical Services	2 155. 63	2. 0	19 476. 97	1. 1
Construction	−597. 94	−0. 5	9 803. 35	0. 6
Resident Services，Repairs and Other Services	186. 27	0. 2	7 604. 67	0. 4
Culture，Sports and Entertainment	−49. 20	0. 0	7 587. 75	0. 4
Agriculture，Forestry，Animal Husbandry and Fishery	118. 35	0. 1	2 734. 92	0. 2
Water Conservancy，Environment and Public Facility Management	162. 59	0. 1	1 865. 68	0. 1
Others	704. 50	0. 7	3 761. 97	0. 2
Total	**108 766. 98**	**100. 0**	**1 752 521. 54**	**100. 0**

12. 7％，mainly flowing to Singapore. Flows to the production and supply of electricity/heat/gas and water industry increased by 15. 9％ to ＄1. 83 billion，accounting for 7. 3％，mainly to Laos，Singapore and Indonesia. The transportation/storage and postal services industry received ＄1. 4 billion，with a year-on-year increase of 834. 8％，accounting for 5. 6％，mainly to Malaysia and Singapore. The information transmission/software and information technology service industry received ＄1. 21 billion，with a year-on-year increase of 192. 2％，accounting for 4. 8％，mainly flowing to Singapore. The agriculture/ forestry/

animal husbandry and fishery received ＄1.14 billion, with a year-on-year increase of 1387.3％, accounting for 4.5％, mainly flowing to Singapore and Laos. Flows to the scientific research and technical services sector reached ＄630 million, accounting for 2.5％ of the total flows, mainly flowing to Singapore, while the flow was negative in the previous year. The financial industry received ＄580 million, with a year-on-year decrease of 37.7％, accounting for 2.3％, mainly flowing to Singapore. The resident services/repairs and other services sector received ＄570 million, with a year-on-year increase of 185.5％, accounting for 2.3％, mainly flowing to Singapore. The mining sector received ＄490 million, with a year-on-year decrease of 73％, accounting for 2％, mainly to Indonesia and Singapore.

In terms of the country distribution of China's outward FDI flows, Singapore ranked first with ＄13.1 billion, with a year-on-year increase of 57.9％, accounting for 52.1％ of the total flows to ASEAN, mainly invested in wholesale and retail trade industry, leasing and business services, manufacturing industry, etc.; followed by Indonesia with ＄3.13 billion, with a year-on-year decrease of 31.1％, accounting for 12.5％, mainly invested in manufacturing industry, etc. Vietnam ranked third with ＄2.59 billion, with a year-on-year increase of 52.3％, accounting for 10.3％, mainly invested in manufacturing industry, etc.

In terms of the industrial structure of China's outward FDI stock, ＄56.86 billion was invested in manufacturing, accounting for 32.4％, mainly distributed in Indonesia, Vietnam, Singapore, Thailand, Malaysia, etc. The wholesale and retail trade industry received ＄29.93 billion, accounting for 17％, mainly distributed in Singapore, Malaysia, Thailand, etc. The leasing and business services industry received ＄26.73 billion, accounting for 15.2％, mainly distributed in Singapore, Indonesia, Laos, etc. The production and supply of electricity/heat/gas and water sector received ＄16.07 billion, accounting for 9.1％, mainly distributed in Singapore, Indonesia, Malaysia, Myanmar, Laos, etc. The construction industry received ＄8.81 billion, accounting for 5％, mainly distributed in Indonesia, Cambodia, Laos, Singapore, Malaysia, etc. The financial industry received ＄8.75 billion, accounting for 5％, mainly distributed in Singapore, Thailand, Malaysia, Indonesia, etc. The transportation/storage and postal services industry received ＄6.94 billion, accounting for 3.9％, mainly distributed in Singapore, Laos, etc. The agriculture/forestry/animal husbandry and fishery sector received ＄5.23 billion, accounting for 3％, mainly distributed in Laos, Singapore, Indonesia, Cambodia, etc. The information transmission/software and information technology service industry received ＄4.84 billion, accounting for 2.8％, mainly distributed in Singapore. The mining industry received ＄4. 59 billion, accounting for 2. 6％, mainly distributed in Indonesia, Singapore, Myanmar, etc. The scientific research and technical services received ＄2. 14 billion, accounting for 1. 2％, mainly distributed in Singapore, Indonesia, Malaysia, etc (see table 18).

In terms of the country composition of the stock, China's outward FDI stock in Singapore ranked first, reaching ＄86. 45 billion, accounting for 49. 2％ of the total investment in ASEAN, mainly distributed in the wholesale and retail trade industry, leasing and business services industry, manufacturing, finance, etc.; followed by Indonesia with ＄26. 35 billion, accounting for 15％, mainly distributed in manufacturing, production and supply of electricity/heat/gas and water industry, mining, etc. Vietnam ranked third with ＄13. 59 billion, accounting for 7. 7％, mainly invested in manufacturing, production and supply of electricity/heat/gas and water industry, construction, wholesale and retail trade industry, etc (see figure 21).

Table 18　Major Industries of China's Outward FDI to ASEAN，2023

Industry	Flows/ Millions of US Dollars	Share/%	Stock/ Millions of US Dollars	Share/%
Manufacturing	9 147. 96	36. 4	56 855. 67	32. 4
Wholesale and Retail Trade	4 814. 87	19. 2	29 930. 58	17. 0
Leasing and Business Services	3 180. 83	12. 7	26 732. 70	15. 2
Production and Supply of Electricity，Heat，Gas and Water	1 829. 62	7. 3	16 074. 07	9. 1
Construction	102. 43	0. 4	8 806. 34	5. 0
Finance	582. 61	2. 3	8 748. 95	5. 0
Transportation，Storage and Postal Services	1 397. 36	5. 6	6 940. 80	3. 9
Agriculture，Forestry，Animal Husbandry and Fishery	1 138. 89	4. 5	5 232. 18	3. 0
Information Transmission，Software and Information Technology Services	1 205. 88	4. 8	4 841. 34	2. 8
Mining	490. 25	2. 0	4 589. 49	2. 6
Scientific Research and Technical Services	633. 31	2. 5	2 136. 94	1. 2
Resident Services，Repairs and Other Services	568. 86	2. 3	1 975. 00	1. 1
Real Estate	9. 26	0. 0	1 512. 36	0. 9
Water Conservancy，Environment and Public Facilities Management	33. 76	0. 1	439. 76	0. 3
Education	58. 49	0. 2	311. 08	0. 2
Others	−70. 87	−0. 3	489. 92	0. 3
Total	**25 123. 51**	**100. 0**	**175 617. 18**	**100. 0**

（Billions of US Dollars）

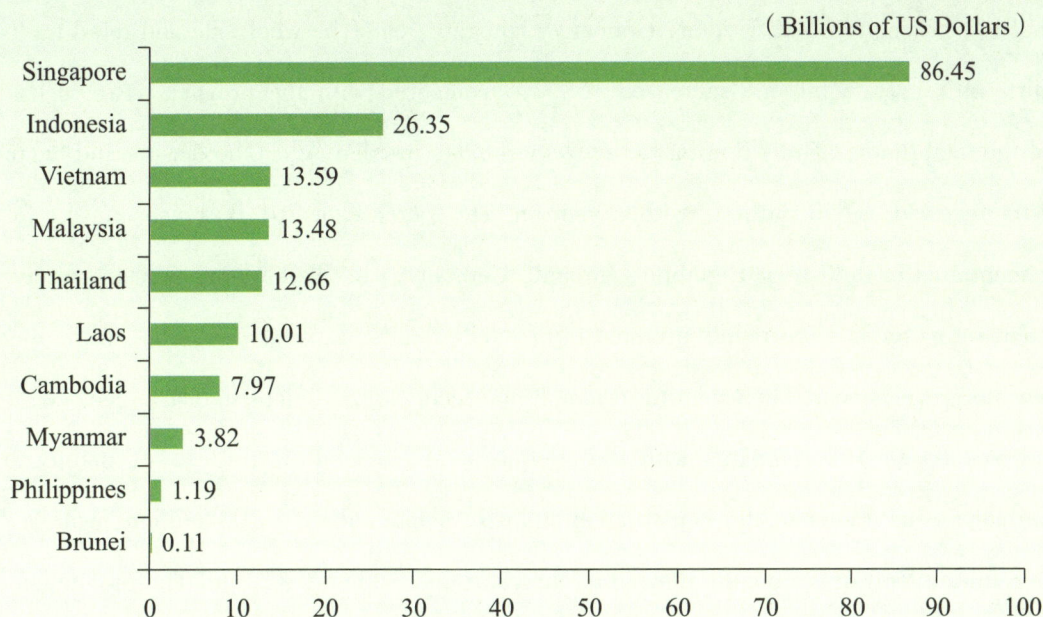

Figure 21   China's Outward FDI Stock in 10 Countries of ASEAN, by the End of 2023

3.3   China's outward FDI to the European Union

In 2023, China's outward FDI flows to the EU reached ＄6.48 billion, down 6.1％ year-on-year and accounting for 3.7％ of the total flows. By the end of 2023, China had set up more than 2.8 thousand FDI enterprises in the EU, covering all 27 member states of the EU and employing over 270 thousand foreign employees.

In terms of the country distribution of China's outward FDI flows, Luxembourg ranked first with ＄2.33 billion, with a year-on-year decrease of 28.3％, accounting for 36％ of the investment flows to the EU, mainly invested in finance, resident services/repairs and other services, information transmission/software and information technology services, scientific research and technical services, etc.; followed by the Netherlands with ＄900 million, accounting for 13.8％, mainly invested in wholesale and retail trade, mining, manufacturing, etc., while the flow was negative in the previous year. Sweden ranked third with ＄740 million, down 59.8％ year-on-year, accounting for 11.5％, mainly invested in manufacturing, wholesale and retail trade industry, etc.

In terms of the overall industrial distribution of China's outward FDI flows, the first target of Chinese enterprises' investment in the EU in 2023 was the financial sector, which received ＄2.52 billion, with a year-on-year increase of 27.7％, accounting for 38.9％, mainly flowing to Luxembourg, Ireland, Italy, etc. The second was manufacturing with ＄1.87 billion, with a year-on-year decrease of 51.7％, accounting for 28.8％, concentrated in Sweden, Germany, Hungary, etc. The wholesale and retail trade industry ranked third with ＄1.73 billion, increased 167.7％ compared with the previous year, accounting for 26.7％ of the total flows, mainly flowing to the Netherlands, Sweden, etc. The leasing and business services industry received ＄540 million, with a year-on-year increase of 201.3％, accounting for 8.4％, mainly concentrated in the Czech Republic, Ireland, Germany, etc. The mining industry received ＄210 million, accounting for 3.2％, mainly invested in the Netherlands, Luxembourg, etc., while the flow was negative in the previous year. The scientific research and technology services industry received ＄100 million, decreased by 83.7％ compared with the previous year, accounting for 1.6％, mainly to Luxembourg, Germany, etc. Flows to the construction industry amounted to ＄100 million, with a 63％ increase, accounting for 1.6％, mainly flowing to Hungary, the Netherlands, etc. The production and supply of electricity/heat/gas and water industry received ＄100 million, with an 82.6％ year-on-year decrease, accounting for 1.5％, mainly flowing to Luxembourg, the Netherlands, Italy, etc. The resident services/repair and other services received ＄90 million, with a year-on-year decrease of 77.2％, accounting for 1.4％, mainly flowing to Luxembourg, etc.

By the end of 2023, China's outward FDI stock in the EU had reached ＄102.42 billion, accounting for 3.5％ of China's outward FDI stock. The countries with more than ＄10 billion in stock were the Netherlands, Luxembourg, Germany and Sweden. Among them, the investment in the Netherlands topped the list, reaching ＄31.89 billion, accounting for 31.1％ of the outward FDI stock in the EU, mainly invested in the mining, manufacturing, information transmission/software and information technology services, wholesale and retail trade industry, etc.; followed by Luxembourg with ＄22.87 billion, accounting for 22.3％, mainly invested in the financial industry, manufacturing, leasing and business services industry, etc. Germany ranked third with ＄17.06 billion, accounting for 16.7％, mainly invested in manufacturing, leasing and business services industry, transportation/storage and postal services, etc.

In terms of the industrial distribution of stock, the manufacturing sector received ＄36.07 billion, accounting for 35.2％, mainly distributed in Sweden, Germany, the Netherlands, Luxembourg, Italy, etc. The mining industry received ＄18.37 billion, accounting for 17.9％, mainly distributed in the Netherlands, Luxembourg, etc. The financial industry received ＄17.1 billion, accounting for 16.7％, mainly distributed in Luxembourg, Germany, France, Italy, etc. The leasing and business services industry received ＄8.68 billion, accounting for 8.5％, mainly distributed in Luxembourg, Germany, France, the Netherlands, Ireland, etc. The information transmission/software and information technology services industry received $6.17 billion, accounting for 6%, mainly concentrated in the Netherlands, Luxembourg, etc. The wholesale and retail trade industry received $6.02 billion, accounting for 5.9%, mainly distributed in the Netherlands, France, Germany, Luxembourg, Sweden, etc. The production and supply of electricity/heat/gas and water industry received $2.39 billion, accounting for 2.3%, mainly distributed in Luxembourg, Spain, etc. The scientific research and technology services industry received $2.26 billion, accounting for 2.2%, mainly distributed in Luxembourg, Germany, the Netherlands, Italy, etc. The resident services/repairs and other services received $1.52 billion, accounting for 1.5%, mainly distributed in Luxembourg, the Czech Republic, Germany, etc. The transportation/storage and postal services industry received $1.4 billion, accounting for 1.4%, mainly distributed in Germany, Greece, etc (see table 19).

Table 19　Major Industries of China's Outward FDI to the European Union, 2023

Industry	Flows/ Millions of US Dollars	Share/%	Stock/ Millions of US Dollars	Share/%
Manufacturing	1 865.92	28.8	36 066.21	35.2
Mining	208.14	3.2	18 367.08	17.9
Finance	2 522.15	38.9	17 104.51	16.7
Leasing and Business Services	543.40	8.4	8 682.67	8.5
Information Transmission, Software and Information Technology Services	−716.79	−11.1	6 168.99	6.0
Wholesale and Retail Trade	1 730.64	26.7	6 024.66	5.9
Production and Supply of Electricity, Heat, Gas and Water	97.89	1.5	2 388.87	2.3
Scientific Research and Technical Services	103.45	1.6	2 264.25	2.2
Resident Services, Repairs and Other Services	90.58	1.4	1 518.42	1.5
Transportation, Storage and Postal Services	−52.60	−0.8	1 398.35	1.4
Accommodation and Catering	1.50	0.0	873.81	0.8
Agriculture, Forestry, Animal Husbandry and Fishery	−28.06	−0.4	598.24	0.6
Construction	100.76	1.6	383.08	0.4
Real Estate	2.03	0.0	262.64	0.3
Culture, Sports and Entertainment	0.38	0.0	141.72	0.1
Others	13.25	0.2	178.91	0.2
Total	**6 482.64**	**100.0**	**102 422.41**	**100.0**

3. 4　China's outward FDI to the United States

In 2023, China's outward FDI flows to the United States decreased by 5. 2% from the previous year to ＄6. 91 billion, accounting for 3. 9% of China's total outward FDI flows that year. The outward FDI stock in the United States reached ＄83. 69 billion, accounting for 2. 8% of China's outward FDI stock and 76% of the stock in North America. By the end of 2023, China had established more than 5. 1 thousand FDI enterprises in the United States, employing more than 85 thousand local employees.

In 2023, China's outward FDI to the United States covered 18 industries of the national economy. In terms of composition, flows to the financial industry reached ＄2. 25 billion, with a decrease of 31. 6% compared with the previous year, accounting for 32. 5%. The manufacturing sector ranked second with ＄1. 23 billion, with a year-on-year decrease of 20. 2%, accounting for 17. 8%. The wholesale and retail trade sector received ＄1. 23 billion, with a year-on-year increase of 109%, accounting for 17. 8%. The scientific research and technical services industry received ＄820 million, with a year-on-year increase of 26. 6%, accounting for 11. 9%. The mining industry received ＄420 million, increasing by 16. 5% compared with the previous year, accounting for 6%. Flows to the leasing and business services industry reached ＄280 million, with a year-on-year increase of 126. 9%, accounting for 4%.

In terms of the industrial composition of the stock, it was mainly distributed in the manufacturing sector with ＄25. 58 billion, accounting for 30. 6% of the total stock; the financial industry received ＄19. 44 billion, accounting for 23. 2%; the wholesale and retail trade industry received ＄7. 74 billion, accounting for 9. 2%; the mining industry received ＄6. 81 billion, accounting for 8. 1%; the leasing and business services industry received ＄6. 76 billion, accounting for 8. 1%; the scientific research and technical services industry received ＄4. 43 billion, accounting for 5. 3%; the real estate industry received ＄3. 8 billion, accounting for 4. 5%; the information transmission/software and information technology services industry received ＄2. 0 billion, accounting for 2. 4%; the construction industry received ＄1. 65 billion, accounting for 2%; the culture/sports and entertainment industry received ＄1. 44 billion, accounting for 1. 7%; the transportation/storage and postal services industry received ＄1. 17 billion, accounted for 1. 4%; the agriculture/forestry/animal husbandry and fishery received ＄830 million, accounted for 1% (see table 20).

Table 20　Major Industries of China's Outward FDI to the United States, 2023

Industry	Flows/ Millions of US Dollars	Share/%	Stock/ Millions of US Dollars	Share/%
Manufacturing	1 228.77	17.8	25 576.14	30.6
Finance	2 249.63	32.5	19 437.85	23.2
Wholesale and Retail Trade	1 228.57	17.8	7 736.72	9.2
Mining	417.49	6.0	6 811.30	8.1
Leasing and Business Services	276.11	4.0	6 764.00	8.1
Scientific Research and Technical Services	820.00	11.9	4 434.70	5.3
Real Estate	−11.98	−0.2	3 798.61	4.5
Information Transmission, Software and Information Technology Services	273.05	3.9	1 997.44	2.4
Construction	54.15	0.8	1 652.47	2.0
Culture, Sports and Entertainment	−65.14	−0.9	1 442.53	1.7
Transportation, Storage and Postal Services	118.22	1.7	1 165.88	1.4
Agriculture, Forestry, Animal Husbandry and Fishery	273.76	4.0	834.38	1.0
Production and Supply of Electricity, Heat, Gas and Water	24.70	0.4	726.95	0.9
Accommodation and Catering	1.19	0.0	426.80	0.5
Education	17.53	0.2	323.21	0.4
Others	6.88	0.1	565.28	0.7
Total	**6 912.93**	**100.0**	**83 694.26**	**100.0**

3.5　China's outward FDI to Australia

In 2023, China's outward FDI flows to Australia amounted to ＄550 million, decreased by 80.4% from the previous year, accounting for 0.3% of the total flows and over 90% of the investment flows to Oceania. From the perspective of sector distribution, flows concentrated primarily in the following industries: the financial industry received ＄440 million, accounting for 81.4%; the manufacturing industry received ＄150 million, accounting for 27.2%.

By the end of 2023, China's investment stock in Australia had reached ＄34.77 billion, accounting for 1. 2% of China's outward FDI stock and 87. 3% of the stock in Oceania. Over 800 overseas enterprises were established in Australia, employing more than 25 thousand local employees. In terms of the industrial distribution of the stock, the mining industry received ＄15. 45 billion, accounting for 44. 4%; the leasing and business services industry received ＄6. 67 billion, accounting for 19. 2%; the financial industry received ＄4. 05 billion, accounting for 11. 7%; the real estate industry received ＄2. 48 billion, accounting for 7. 1%; the manufacturing industry received ＄1. 7 billion, accounting for 4. 9%; the agriculture/forestry/animal husbandry and fishery received ＄1. 04 billion, accounting for 3%; the production and supply of electricity/heat/gas and water industry received ＄850 million, accounting for 2. 4% (see table 21).

Table 21　Major Industries of China's Outward FDI to Australia, 2023

Industry	Flow/ Millions of US Dollars	Share/%	Stock/ Millions of US Dollars	Share/%
Mining	−318. 84	−58. 5	15 448. 92	44. 4
Leasing and Business Services	24. 91	4. 6	6 671. 47	19. 2
Finance	443. 71	81. 4	4 052. 04	11. 7
Real Estate	33. 31	6. 1	2 480. 73	7. 1
Manufacturing	148. 38	27. 2	1 701. 69	4. 9
Agriculture, Forestry, Animal Husbandry and Fishery	13. 38	2. 5	1 044. 11	3. 0
Production and Supply of Electricity, Heat, Gas and Water	37. 32	6. 9	846. 68	2. 4
Wholesale and Retail Trade	10. 52	1. 9	729. 55	2. 1
Construction	0. 08	0. 0	479. 46	1. 4
Transportation, Storage and Postal Services	14. 09	2. 6	423. 74	1. 2
Scientific Research and Technical Services	41. 11	7. 5	283. 46	0. 8
Health and Social Work	75. 48	13. 8	277. 49	0. 8
Accommodation and Catering	15. 88	2. 9	114. 78	0. 3
Resident Services, Repairs and Other Services	1. 58	0. 3	83. 81	0. 3
Others	4. 36	0. 8	135. 99	0. 4
Total	**545. 27**	**100. 0**	**34 773. 92**	**100. 0**

4. Structure of China's Outward Foreign Direct Investors

By the end of 2023, the number of China's outward foreign direct investors (hereinafter referred to as "domestic investors") had reached nearly 31 thousand. In terms of the domestic investors' registration types from the state administration for market regulation, private enterprises accounted for 34.7% of the total, which were the largest and most active groups in China's outward FDI. Limited liability companies accounted for 28.5%, ranking second. Incorporated companies accounted for 13.2%. The shares of foreign-invested enterprises, state-owned enterprises, Hong Kong, Macao and Taiwan-invested enterprises, self-employed companies, joint-stock cooperative enterprises, collective enterprises, associated enterprises and other enterprises reached 5.6%, 5.4%, 4%, 2.1%, 0.9%, 0.3%, 0.1% and 5.2%, respectively (see figure 22, table 22).

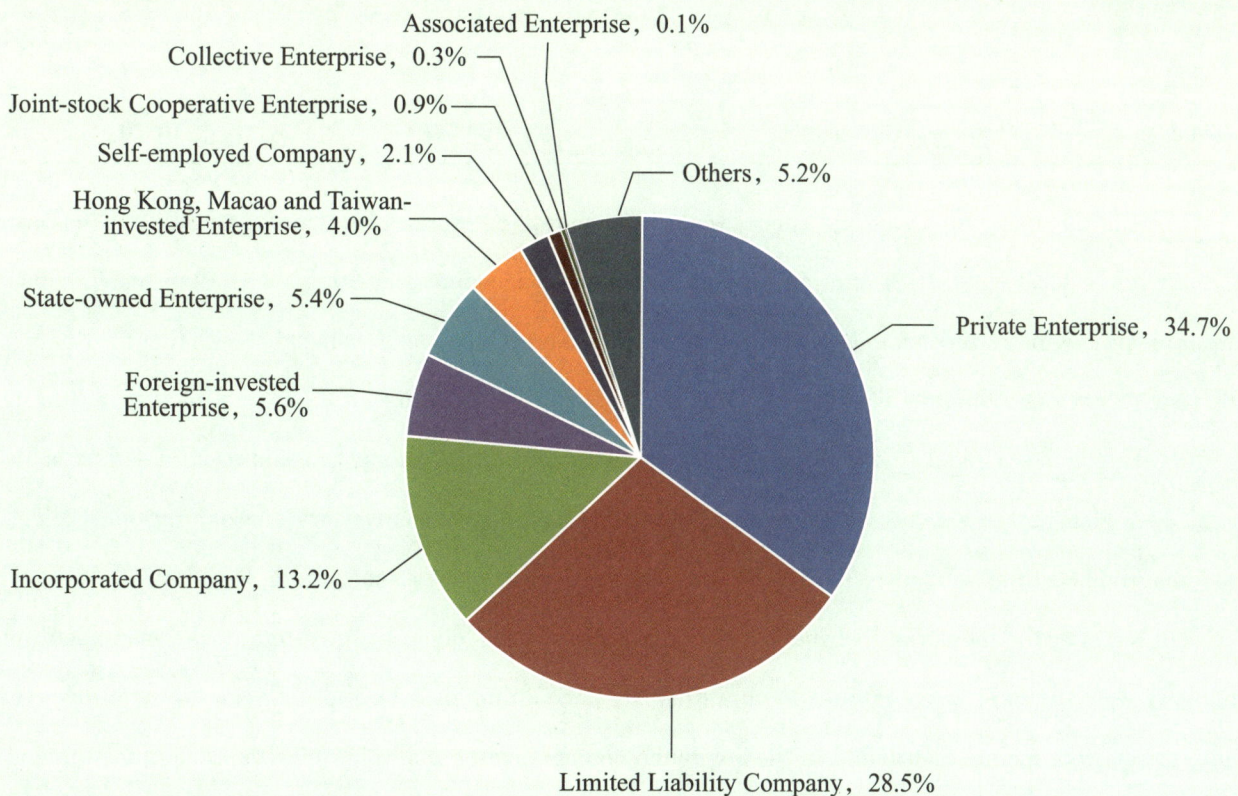

Figure 22 Distribution of Domestic Investors, by Registration Type, by the End of 2023

Table 22　Distribution of Domestic Investors，by Registration Type，by the End of 2023

Type of Business Registration	Number of Firms	Share/%
Private Enterprise	10 672	34. 7
Limited Liability Company	8 759	28. 5
Incorporated Company	4 043	13. 2
Foreign-invested Enterprise	1 721	5. 6
State-owned Enterprise	1 654	5. 4
Hong Kong，Macao and Taiwan-invested Enterprise	1 240	4. 0
Self-employed Enterprise	636	2. 1
Joint-stock Cooperative Enterprise	288	0. 9
Collective Enterprise	101	0. 3
Associated Enterprise	33	0. 1
Others	1 594	5. 2
Total	**30 741**	**100. 0**

Among the domestic investors，there were 168 central enterprises and units，accounting for only 0. 5%，while local enterprises from all provinces and cities accounted for 99. 5%. The top ten provinces and cities in terms of the number of domestic investors were Guangdong，Shanghai，Zhejiang，Beijing，Jiangsu，Shandong，Fujian，Tianjin，Liaoning and Sichuan，accounting for 82. 3% of total domestic investors. Guangdong ranked first with over 7. 4 thousand domestic investors，accounting for 24. 1% of the total. Shanghai ranked second with more than 3. 7 thousand domestic investors，accounting for 12. 2%. Zhejiang ranked third with more than 3. 5 thousand domestic investors，accounting for 11. 6%.

In terms of the industrial distribution of domestic investors，domestic investors in the manufacturing industry were the most active entities in outward FDI，accounting for over 30% of domestic investors. The enterprises were mainly distributed in the computer/communication and other electronic equipment manufacturing，special equipment manufacturing，general equipment manufacturing，pharmaceutical manufacturing，electrical machinery and equipment manufacturing，chemical raw material and chemical products manufacturing，metal products manufacturing，rubber and plastic manufacturing，textile，textile and clothing/apparel，automobile manufacturing，etc. The wholesale and retail industry ranked second，which accounted for 21.5%. In addition, the leasing and business services sector accounted for 14%; the information transmission/software and information technology services sector accounted for 9.8%; the scientific research and technical services sector accounted for 5.4%; the agriculture/forestry/animal husbandry and fishery sector accounted for 3.6%; the construction sector accounted for 2.8% (see figure 23, table 23).

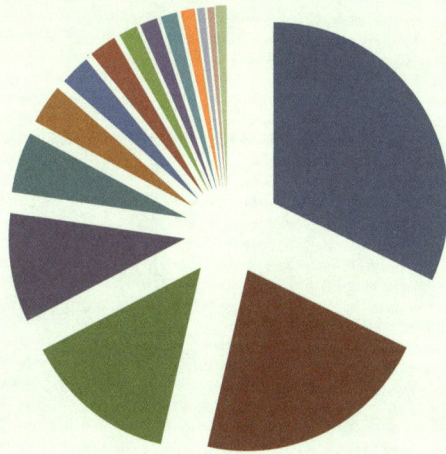

- Manufacturing, 32.1%
- Wholesale and Retail Trade, 21.5%

- Leasing and Business Services, 14.0%
- Information Transmission, Software and Information Technology Services, 9.8%

- Scientific Research and Technical Services, 5.4%
- Agriculture, Forestry, Animal Husbandry and Fishery, 3.6%

- Construction, 2.8%
- Transportation, Storage and Postal Services, 2.5%

- Real Estate, 1.7%
- Mining, 1.6%

- Resident Services, Repairs and Other Services, 1.5%
- Culture, sports and Entertainment, 1.2%

- Production and Supply of Electricity, Heat, Gas and Water, 0.7%
- Accommodation and Catering, 0.6%

- Others, 1.0%

Figure 23   Industrial Distribution of Domestic Investors, by the End of 2023

Table 23　Industrial Distribution of Domestic Investors，by the End of 2023

Industry	Number of Firms	Share/%
Manufacturing	9 856	32.1
Wholesale and Retail Trade	6 623	21.5
Leasing and Business Services	4 292	14.0
Information Transmission，Software and Information Technology Services	3 000	9.8
Scientific Research and Technical Services	1 667	5.4
Agriculture，Forestry，Animal Husbandry and Fishery	1 100	3.6
Construction	861	2.8
Transportation，Storage and Postal Services	773	2.5
Real Estate	523	1.7
Mining	492	1.6
Resident Services，Repairs and Other Services	459	1.5
Culture，Sports and Entertainment	383	1.2
Production and Supply of Electricity，Heat，Gas and Water	214	0.7
Accommodation and Catering	190	0.6
Others	308	1.0
Total	**30 741**	**100.0**

5. Composition of China's Outward FDI Enterprises

5.1 Country (region) distribution

By the end of 2023, Chinese domestic investors had established 48 thousand FDI enterprises (hereinafter referred to as "overseas enterprises") in 189 countries (regions), increased by more than 1 thousand enterprises compared with the end of the previous year, covering over 80% of the countries and regions in the world. Among them, the coverage rate of overseas enterprises in Asia, Europe, Africa, North America, Latin America and Oceania was 95.7%, 87.8%, 85%, 75%, 67.3% and 58.3% respectively (see table 24, figure 24).

Table 24   Distribution of Chinese Overseas Enterprises in Different Continents, by the End of 2023

Continent	Number of Countries (Regions) by the End of 2023	Number of Countries (Regions) Covered by China's Overseas Enterprises	Coverage Rate/%
Asia	48	45	95.7
Europe	49	43	87.8
Africa	60	51	85.0
North America	4	3	75.0
Latin America	49	33	67.3
Oceania	24	14	58.3
Total	**234**	**189**	**80.8**

Note: 1. Coverage rate refers to the ratio between the number of countries(regions) covered by China's FDI enterprises and the total number of countries (regions) in the region.

2. The number of Asian countries(regions) include China, while the coverage rate does not.

（%）

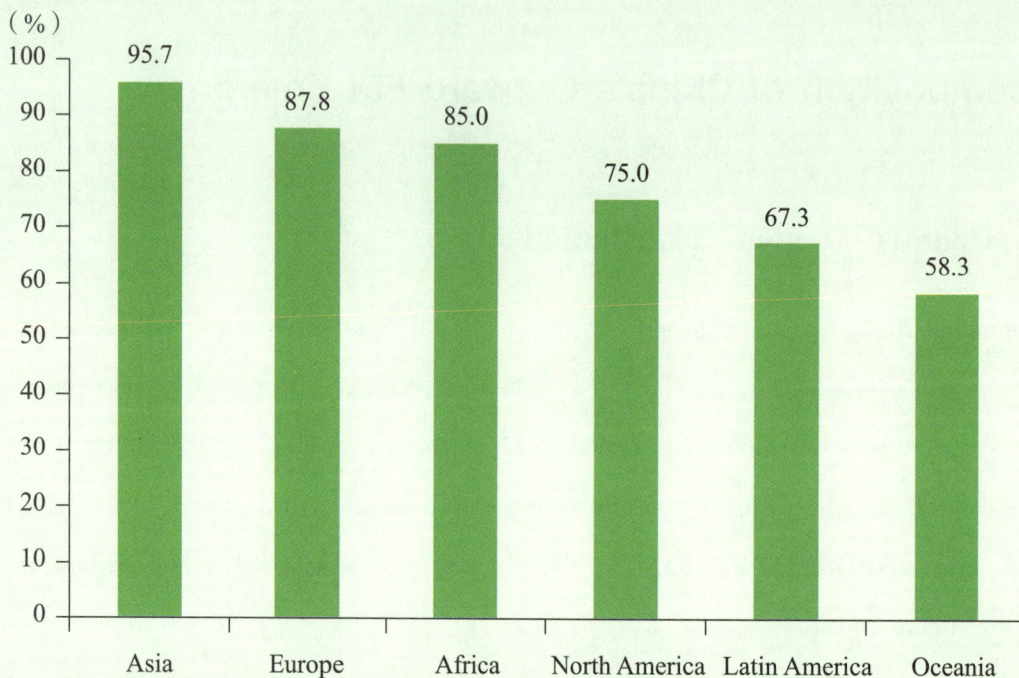

**Figure 24   Regional Coverage Rate of China's Overseas Enterprises,
by the End of 2023**

According to the distribution of overseas enterprises in countries (regions), China established over 29 thousand overseas enterprises in Asia, accounting for 60.8% of the total, mainly distributed in Hong Kong (China), Singapore, Vietnam, Japan, Thailand, Indonesia, Malaysia, the Republic of Korea, Cambodia, Laos, India, the United Arab Emirates, Myanmar, etc. The number of overseas enterprises in Hong Kong (China) reached over 16 thousand, accounting for 33% of China's overseas enterprises.

There were more than 5.7 thousand overseas enterprises in North America, accounting for 11.8%, mainly distributed in the United States and Canada. The number of overseas enterprises set up by Chinese enterprises in the United States was second only to Hong Kong (China).

China established over 4.7 thousand overseas enterprises in Europe, accounting for 9.8%, mainly distributed in Germany, the Russian Federation, the United Kingdom, the Netherlands, France, Italy, Luxembourg, Spain, etc.

The overseas enterprises in Latin America amounted to over 4 thousand, accounting for 8.4%, mainly distributed in the British Virgin Islands, the Cayman Islands, Brazil, Mexico, Peru, Chile, Ecuador, Argentina, Bolivia, etc.

China established nearly 3.3 thousand overseas enterprises in Africa, accounting for 6.8%, mainly distributed in Ethiopia, Nigeria, Kenya, Tanzania, Zambia, South Africa, Ghana, Angola, Uganda, etc.

There were nearly 1.2 thousand China's overseas enterprises in Oceania, accounting for 2.4%, mainly distributed in Australia, New Zealand, Papua New Guinea, Samoa, Fiji, etc (see table 25, figure 25).

Table 25　Geographical Distribution of China's Overseas Enterprises, by the End of 2023

Continent	Number of Overseas Enterprises	Share/%
Asia	29 396	60.8
North America	5 713	11.8
Europe	4 736	9.8
Latin America	4 087	8.4
Africa	3 266	6.8
Oceania	1 167	2.4
Total	**48 365**	**100.0**

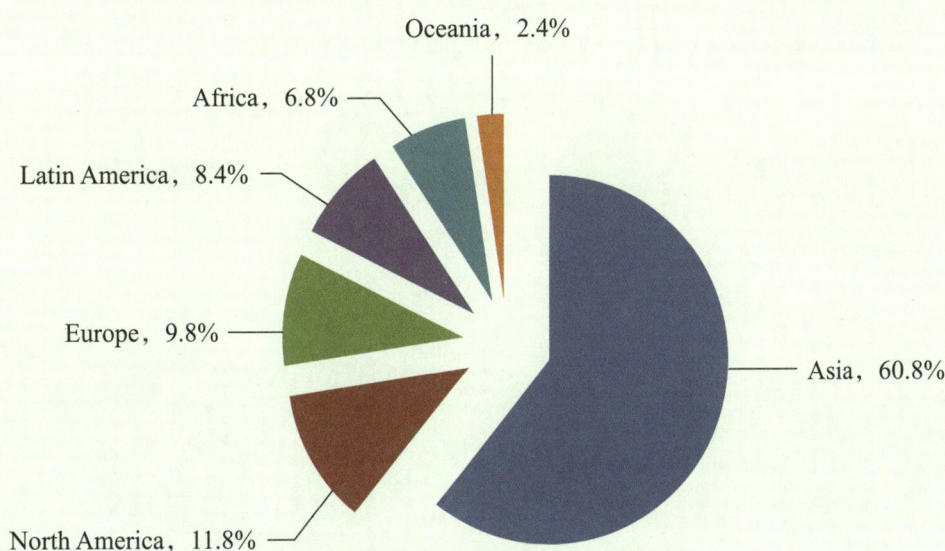

Figure 25　Geographical Distribution of China's Overseas Enterprises, by the End of 2023

At the end of 2023, the top 20 countries (regions) in terms of the number of China's overseas enterprises were Hong Kong (China), the United States, Singapore, the British Virgin Islands, the Cayman Islands, Vietnam, Germany, Japan, the Russian Federation, Thailand, Australia, Indonesia, Malaysia, the Republic of Korea, Cambodia, Canada, the United Kingdom, Laos, India and the United Arab Emirates. The total number of China's overseas enterprises located in the above-mentioned countries (regions) amounted nearly 38000, accounting for 77.6% of China's total overseas enterprises.

5.2 Industrial Distribution

In terms of the industrial distribution of China's overseas enterprises, the wholesale and retail industry, the manufacturing industry and the leasing and business service industry were still the most concentrated industries of overseas enterprises, with an aggregate number of nearly 29 thousand, accounting for 59.9% of the total number of overseas enterprises. Among them, more than 13 thousand overseas enterprises were in the wholesale and retail trade sector, accounting for 27.6% of the total; more than 9.3 thousand enterprises were in the manufacturing sector, accounting for 19.3%; over 6.2 thousand enterprises were in the leasing and business services industry, accounting for 12.9%. In addition, the shares of the enterprises in the construction sector, the information transmission/software and information technology services sector, the scientific research and technical services sector, the agriculture/forestry/animal husbandry and fishery sector, the transportation/storage and postal services sector, the mining sector, the financial sector, the production and supply of electricity/heat/gas and water sector and the resident services/repairs and other services sector reached 8%, 7.6%, 6.1%, 3.5%, 3.3%, 2.6%, 1.7%, 1.7%, 1.7%, respectively (see table 26).

Table 26　Industrial Distribution of China's Overseas Enterprises, by the End of 2023

Industry	Number of Overseas Enterprises	Share/%
Wholesale and Retail Trade	13 369	27. 6
Manufacturing	9 346	19. 3
Leasing and Business Services	6 252	12. 9
Construction	3 885	8. 0
Information Transmission, Software and Information Technology Services	3 682	7. 6
Scientific Research and Technical Services	2 936	6. 1
Agriculture, Forestry, Animal Husbandry and Fishery	1 694	3. 5
Transportation, Storage and Postal Services	1 598	3. 3
Mining	1 234	2. 6
Finance	841	1. 7
Production and Supply of Electricity, Heat, Gas and Water	814	1. 7
Resident Services, Repairs and Other Services	796	1. 7
Real Estate	661	1. 4
Culture, Sports and Entertainment	485	1. 0
Accommodation and Catering	292	0. 6
Education	216	0. 5
Water Conservancy, Environment and Public Facility Management	151	0. 3
Health and Social Work	113	0. 2
Total	**48 365**	**100. 0**

5.3　Provincial Distribution

By the end of 2023, domestic investors had established 47. 5 thousand non-financial overseas enterprises. In terms of the affiliations of the overseas non-financial enterprises, local enterprises accounted for 87. 4% of the total overseas enterprises, while central enterprises and units accounted for 12. 6%. Guangdong, Zhejiang, Shanghai, Beijing, Jiangsu, Shandong, Fujian, Tianjin, Liaoning and Sichuan ranked among the top ten in terms of the number of overseas enterprises, accounting for 71. 6% of total overseas enterprises in aggregate. Guangdong had the largest number of overseas enterprises in China, accounting for 19％ of the total, while Zhejiang was the second, accounting for 10.9％ and Shanghai ranked third, accounting for 10.2％ (see figure 26).

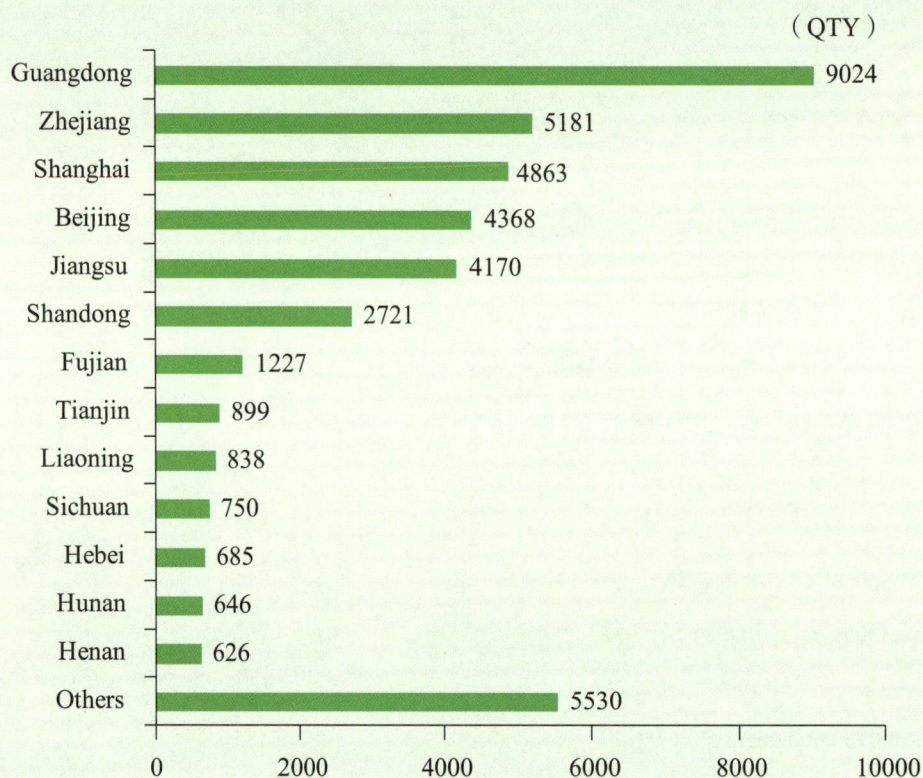

（QTY）

Province	QTY
Guangdong	9024
Zhejiang	5181
Shanghai	4863
Beijing	4368
Jiangsu	4170
Shandong	2721
Fujian	1227
Tianjin	899
Liaoning	838
Sichuan	750
Hebei	685
Hunan	646
Henan	626
Others	5530

Figure 26   Overseas Enterprises Established by China's Major Provinces and
Municipalities, by the End of 2023

6. Annex Tables

Annex Table 1   China's Outward FDI Flows by Country and Region, 2015−2023

(Millions of USD)

Country/Region	2015	2016	2017	2018	2019	2020	2021	2022	2023
Total	145 667.15	196 149.43	158 288.30	143 037.31	136 907.56	153 710.26	178 819.32	163 121.00	177 287.84
Asia	108 370.87	130 267.69	110 039.86	105 504.88	110 840.94	112 343.65	128 102.05	124 283.54	141 595.87
Afghanistan	−3.26	2.21	5.43	−0.16	24.08	2.54	−2.55	8.94	1.69
United Arab Emirates	1 268.68	−391.38	661.23	1 081.01	1 207.41	1 551.95	894.14	1 607.45	1 777.83
Oman	10.95	4.62	12.73	51.91	−3.15	87.10	40.86	12.98	18.02
Pakistan	320.74	632.94	678.19	−198.73	562.16	947.66	727.39	563.37	324.67
Palestine	—	0.20	—	—	—	—	—	—	—
Bahrain	—	36.46	36.96	−2.35	−0.34	0.19	61.11	0.01	5.94
Korea, DPR	41.21	28.44	1.29	0.28	—	—	—	—	2.38
Timor−Leste	33.81	55.33	19.52	−10.32	−16.30	36.31	5.77	−4.28	−6.16
Philippines	−27.59	32.21	108.84	58.82	−4.29	130.43	152.86	270.89	155.99
Kazakhstan	−2 510.27	487.70	2 070.47	118.35	786.49	−115.29	822.24	355.98	1 616.70
Korea, Rep.	1 324.55	1 148.37	660.80	1 033.66	561.80	139.14	478.04	537.14	659.45
Kyrgyzstan	151.55	158.74	123.70	100.16	215.66	252.46	76.43	10.06	−42.08
Cambodia	419.68	625.67	744.24	778.34	746.25	956.42	466.75	632.18	1 377.91
Qatar	140.85	96.13	−26.63	−368.10	29.32	94.67	116.82	−21.25	−91.28
Kuwait	144.44	50.55	175.08	192.08	−100.52	122.21	37.88	114.61	−289.97
Lao PDR	517.21	327.58	1 219.95	1 241.79	1 149.08	1 454.30	1 282.32	253.43	1 161.53
Maldives	—	33.41	31.95	−1.55	6.94	−21.42	23.09	−3.35	−22.95
Malaysia	488.91	1 829.96	1 722.14	1 662.70	1 109.54	1 374.41	1 336.25	1 606.39	1 426.83
Mongolia	−23.19	79.12	−27.89	−457.13	128.06	8.32	24.68	27.92	188.90
Bangladesh	31.19	40.80	99.03	543.65	375.49	450.60	240.71	321.70	313.40
Myanmar	331.72	287.69	428.18	−197.24	−41.94	250.80	18.46	61.98	153.39
Nepal, FDR	78.88	−48.82	7.55	51.22	206.78	52.26	49.96	115.27	−1.62
Japan	240.42	344.01	444.05	468.41	673.78	486.83	762.14	396.48	458.42
Cyprus	1.76	5.25	603.41	113.90	82.42	94.66	32.28	4.09	1.92

Annex Table 1　　Continued 1

(Millions of USD)

Country/Region	2015	2016	2017	2018	2019	2020	2021	2022	2023
Saudi Arabia	404. 79	23. 90	−345. 18	383. 07	654. 37	390. 26	514. 29	−161. 48	430. 78
Sri Lanka	17. 47	−60. 23	−25. 27	7. 83	92. 80	98. 17	166. 11	−43. 57	95. 87
Tajikistan	219. 31	272. 41	95. 01	388. 24	69. 61	−264. 02	237. 43	418. 75	170. 35
Thailand	407. 24	1 121. 69	1 057. 59	737. 29	1 371. 91	1 882. 88	1 486. 01	1 271. 80	2 017. 59
Turkey	628. 31	−96. 12	190. 91	352. 82	28. 83	391. 26	225. 44	750. 29	231. 68
Turkmenistan	−314. 57	−23. 76	46. 72	−38. 30	−93. 15	211. 04	−17. 60	9. 53	197. 73
Brunei	3. 92	142. 10	71. 36	−15. 09	−4. 05	16. 58	3. 75	4. 16	6. 99
Uzbekistan	127. 89	178. 87	−75. 75	99. 01	−445. 83	−36. 77	369. 03	369. 74	322. 39
Singapore	10 452. 48	3 171. 86	6 319. 90	6 411. 26	4 825. 67	5 923. 35	8 405. 04	8 295. 38	13 097. 14
Syria	−3. 56	−0. 69	0. 53	−0. 01	12. 70	0. 49	−0. 12	−0. 68	0. 10
Yemen	−102. 16	−413. 15	27. 25	10. 45	−78. 81	−2. 92	−11. 58	−4. 01	13. 98
Iraq	12. 31	−52. 87	−8. 81	7. 73	887. 09	414. 58	178. 18	324. 76	−24. 56
Iran	−549. 66	390. 37	−368. 29	−567. 33	−59. 17	336. 39	242. 12	19. 68	322. 14
Israel	229. 74	1 841. 30	147. 37	410. 57	191. 68	267. 10	−470. 14	279. 86	174. 02
India	705. 25	92. 93	289. 98	206. 20	534. 60	205. 19	279. 46	−331. 20	60. 37
Indonesia	1 450. 57	1 460. 88	1 682. 25	1 864. 82	2 223. 08	2 198. 35	4 372. 51	4 549. 60	3 133. 07
Jordan	1. 58	6. 13	15. 16	85. 62	30. 93	−119. 51	−20. 22	50. 45	75. 67
Viet Nam	560. 17	1 279. 04	764. 40	1 150. 83	1 648. 52	1 875. 75	2 207. 62	1 703. 01	2 593. 07
Macao(China)	1 080. 65	821. 50	−1 024. 47	810. 67	594. 45	826. 84	881. 92	2 127. 52	755. 88
Taiwan Prov(China)	267. 12	11. 75	226. 21	69. 33	106. 93	226. 22	211. 86	241. 99	−36. 29
Hong Kong(China)	89 789. 78	114 232. 59	91 152. 78	86 869. 17	90 550. 08	89 145. 86	101 190. 88	97 534. 23	108 766. 98
Africa	**2 977. 92**	**2 398. 73**	**4 105. 00**	**5 389. 11**	**2 704. 42**	**4 225. 60**	**4 986. 64**	**1 811. 83**	**3 958. 82**
Algeria	210. 57	−99. 89	−140. 53	178. 65	−123. 62	18. 64	184. 71	21. 45	209. 28
Egypt	80. 81	119. 83	92. 76	221. 97	10. 96	27. 43	195. 71	229. 79	203. 96
Ethiopia	175. 29	282. 14	181. 08	341. 25	375. 30	310. 80	−90. 39	−139. 17	100. 38
Angola	57. 74	164. 49	637. 55	270. 34	383. 24	125. 36	123. 49	−315. 00	351. 35
Benin	14. 76	9. 97	1. 33	4. 80	−19. 79	10. 64	32. 51	80. 44	20. 46
Botswana	86. 08	106. 20	−22. 20	−4. 86	6. 82	26. 55	−14. 01	9. 77	3. 58
Burkina Faso	—	0. 20	—	—	1. 26	0. 35	5. 28	2. 80	−1. 12
Burundi	2. 06	2. 39	−0. 58	4. 06	−1. 90	6. 22	8. 61	2. 97	−0. 78
Equatorial Guinea	−13. 04	−24. 91	71. 11	3. 80	−44. 60	−49. 12	0. 22	−40. 51	−3. 88
Togo	−1. 73	2. 38	11. 43	−6. 59	8. 28	9. 11	−4. 90	8. 59	4. 16
Eritrea	9. 91	68. 42	−0. 13	6. 14	−0. 57	44. 61	37. 73	147. 00	130. 99
Cape Verde	—	0. 05	—	1. 24	0. 48	−0. 41	0. 30	−0. 07

Annex Table 1　Continued 2

(Millions of USD)

Country/Region	2015	2016	2017	2018	2019	2020	2021	2022	2023
Gambia	—	2.28	2.32	14.43	−4.51	2.79	0.47	2.54	1.77
Congo	150.08	49.13	284.17	−292.64	94.59	247.49	166.11	−81.10	234.78
Congo, DR	213.71	−78.92	340.24	643.01	930.96	611.51	1 045.75	391.11	160.00
Djibouti	20.33	62.24	104.64	−81.06	26.64	−2.16	8.55	4.23	3.67
Guinea	−25.72	36.67	286.56	203.17	53.04	−295.12	487.17	39.11	26.36
Guinea−Bissau	2.24	0.61	6.23	2.57	0.00	−2.44	0.08	0.81	3.50
Ghana	283.22	490.61	44.20	124.25	29.41	−6.71	127.75	88.53	41.98
Gabon	48.79	32.43	55.42	−69.54	16.66	7.78	−18.19	43.01	7.40
Zimbabwe	46.75	42.95	−107.88	53.83	81.13	76.25	103.10	88.13	186.90
Cameroon	24.67	114.23	87.99	141.79	−33.69	44.71	−23.44	−110.99	73.85
Comoros	—	—	—	0.93	0.13	−0.05	−0.16	0.53	0.04
Cote d'lvoire	60.24	56.53	112.69	163.68	85.26	78.86	64.17	223.16	100.73
Kenya	281.81	29.67	410.10	232.04	10.37	629.62	348.22	−322.84	191.78
Lesotho	0.08	—	—	—	—	11.65	10.45	5.57	−5.37
Liberia	98.18	11.14	39.82	14.35	11.20	33.46	6.78	12.16	−13.96
Libya	−41.06	−17.05	−176.40	28.23	−129.34	72.89	−13.22	−2.79	−17.77
Rwanda	4.06	−9.19	9.88	45.42	17.01	−6.55	36.14	−14.46	13.47
Madagascar	33.84	−6.55	71.20	55.60	−0.16	135.98	−9.62	−62.39	33.04
Malawi	0.05	2.40	43.07	1.46	−100.58	9.02	14.95	25.81	3.63
Mali	−34.01	12.95	14.34	−84.04	18.49	18.04	16.22	53.19	30.90
Mauritius	154.77	72.33	33.27	178.21	185.89	45.77	238.56	104.05	173.17
Mauritania	2.16	108.79	38.07	23.23	−7.46	53.20	−12.29	27.14	14.46
Morocco	26.03	10.16	59.86	90.78	−95.16	128.14	33.22	1.58	241.59
Mozambique	68.43	44.25	117.47	545.63	−46.70	43.28	−4.03	74.17	56.31
Namibia	17.85	21.68	20.09	−24.82	−1.10	1.71	8.07	8.98	6.53
South Africa	233.17	843.22	317.36	642.06	338.91	400.43	363.59	683.09	353.90
Republic of South Sudan	13.08	2.03	12.21	−13.12	5.49	2.68	8.56	−2.16	1.16
Niger	23.69	−23.56	50.84	115.44	178.36	235.14	282.52	567.06	485.80
Nigeria	50.58	108.50	137.95	194.70	123.27	308.94	201.67	119.64	185.58
Sierra Leone	8.07	−1.80	16.27	3.94	0.76	−8.32	12.32	−22.78	7.31
Senegal	−7.94	19.85	65.41	83.93	−84.88	213.40	11.77	−211.22	58.57
Seychelles	49.58	50.41	27.05	227.98	1.98	87.55	112.81	15.46	40.47
Sao Tome and Principe	—	—	—	—	0.06	1.55	—	—	—
Sudan	31.71	−689.94	254.87	57.12	−70.78	2.83	94.29	−171.90	76.56
Tanzania	226.32	94.57	132.46	177.47	115.58	107.57	101.74	51.73	60.15

Annex Table 1　Continued 3

（Millions of USD）

Country/Region	2015	2016	2017	2018	2019	2020	2021	2022	2023
Tunisia	5.64	−3.22	−0.82	5.96	19.96	−6.92	6.52	−5.56	−12.21
Uganda	205.34	121.51	79.04	225.80	143.22	97.78	2.10	106.01	−13.07
Zambia	96.55	218.41	305.80	523.73	143.39	214.26	582.80	191.46	116.88
Chad	−17.12	−62.26	−23.05	67.77	49.81	98.39	93.50	−116.68	10.51
Central African Republic	0.30	0.40	0.42	46.32	0.56	0.14	−0.90	—	0.13
Europe	**7 118.43**	**10 693.23**	**18 463.19**	**6 588.39**	**10 519.92**	**12 695.65**	**10 874.80**	**10 335.98**	**9 968.61**
Albania	—	0.01	0.21	1.72	0.69	0.10	—	0.16	—
Azerbaijan	1.36	−24.66	−0.20	−1.05	0.86	17.28	−0.64	9.43	5.29
Ireland	14.30	331.93	241.34	75.16	64.28	67.60	225.58	104.16	380.77
Estonia	—	—	0.12	53.22	2.02	—	—	−0.14	0.06
Austria	104.32	191.72	412.19	138.14	32.39	74.81	195.39	−134.97	68.33
Belarus	54.21	160.94	142.72	67.73	181.75	−8.15	42.41	−42.57	3.89
Bulgaria	59.16	−15.03	88.87	−1.68	2.46	0.57	0.25	−5.94	1.61
North Macedonia	−0.01	—	—	1.83	−13.38	−4.00	2.72	−9.75	7.77
Belgium	23.46	28.35	30.34	5.63	59.85	76.03	111.60	16.95	28.93
Iceland	—	—	—	0.73	—	—	—	—	—
Bosnia and Herzegovina	1.62	0.85	—	—	12.19	8.58	4.82	1.63	23.11
Poland	25.10	−24.11	−4.33	117.83	111.60	142.56	29.41	127.73	112.41
Denmark	−24.16	125.73	15.21	30.48	60.26	63.22	15.78	48.02	11.70
Germany	409.63	2 380.58	2 715.85	1 467.99	1 459.01	1 375.60	2 711.13	1 978.64	641.33
Russian Federation	2 960.86	1 293.07	1 548.42	725.24	−379.23	570.32	−1 072.30	233.62	628.79
France	327.88	1 499.57	952.15	−75.02	87.22	147.79	−151.67	48.48	−109.02
Finland	38.68	36.67	23.47	141.04	34.04	40.66	65.18	47.69	88.90
Georgia	43.98	20.77	38.46	80.23	56.90	41.36	76.54	118.59	234.18
Netherlands	13 462.84	1 169.72	−223.12	1 038.34	3 893.17	4 938.33	1 703.93	−1 049.80	896.58
Montenegro	—	—	16.65	12.72	22.66	67.25	59.09	−6.79	26.96
Czech Republic	−17.41	1.85	72.95	113.02	60.53	52.79	−25.39	−13.02	289.55
Croatia	—	0.22	31.84	22.39	28.69	154.46	15.15	5.22	10.86
Latvia	0.45	—	0.08	10.68	—	5.64	4.82	0.08	1.46
Lithuania	—	2.25	—	−4.47	—	0.33	0.20	2.12	10.66
Liechtenstein	0.64	3.70	—	—	—	27.26	1.63	0.12	—
Luxembourg	−11 453.17	1 601.88	1 353.40	2 487.33	685.87	700.95	1 499.32	3 250.36	2 331.60
Romania	63.32	15.88	15.86	1.57	84.11	13.10	5.13	11.59	98.79
Malta	5.03	154.80	1.67	10.11	−1.18	0.89	2.82	−0.98	3.14
Moldova	—	—	—	—	—	—	0.30	0.01	0.00
Norway	−1 675.89	−851.23	−549.21	−41.68	−744.44	−187.19	0.79	1.07	10.07

Annex Table 1 Continued 4

(Millions of USD)

Country/Region	2015	2016	2017	2018	2019	2020	2021	2022	2023
Portugal	10.72	11.37	1.04	11.71	18.55	1.18	2.75	1.44	26.31
Sweden	317.19	127.68	1 290.26	1 063.95	1 915.71	1 929.99	1 280.77	1 850.90	743.57
Switzerland	246.77	68.06	7 514.18	-3 212.06	678.25	1 074.55	1 820.84	133.68	389.52
Serbia	7.63	30.79	79.21	153.41	33.60	139.31	205.76	159.39	458.48
Slovakia	—	—	0.68	14.62	-0.53	0.20	0.33	0.01	0.21
Slovenia	—	21.86	0.39	13.28	26.84	-132.94	3.04	-0.59	90.24
Ukraine	-0.76	1.92	4.75	27.45	53.32	21.06	-0.47	0.96	33.91
Spain	149.67	125.41	58.79	537.68	114.91	102.95	79.17	71.88	-2.57
Greece	-1.37	29.39	28.57	60.30	0.57	7.17	6.56	-1.37	4.56
Hungary	23.20	57.46	65.59	94.95	123.15	-4.15	53.53	260.46	410.76
Armenia	—	—	3.95	19.64	—	1.53	6.98	16.89	0.89
Italy	91.01	633.44	424.54	297.61	649.79	244.46	-12.02	277.55	339.98
United Kingdom	1 848.16	1 480.39	2 066.30	1 026.64	1 103.45	922.22	1 903.55	2 823.06	1 665.05
Latin America	**12 610.36**	**27 227.05**	**14 076.59**	**14 608.47**	**6 394.07**	**16 656.51**	**26 158.51**	**16 345.15**	**13 477.31**
Argentina	208.32	181.52	214.79	141.13	353.55	401.24	295.68	59.19	-42.76
Antigua & Barbuda	—	0.40	—	0.36	—	—	—	—	16.62
Barbados	-0.28	14.41	16.10	2.56	-8.13	-0.06	223.71	-175.01	47.70
Bahamas	—	6.58	0.24	2.80	-1.32	—	-0.17	0.00	-5.32
Paraguay	—	—	—	0.84	-0.84	0.68	—	-1.29	0.95
Panama	23.82	37.38	57.74	127.24	3.31	117.88	239.88	219.30	-317.44
Brazil	-63.28	124.77	426.27	427.72	859.93	312.64	146.45	223.86	506.74
Bolivia	34.32	55.38	-26.28	37.55	51.86	36.19	26.40	41.22	93.44
Dominican Republic	—	—	—	—	0.21	3.05	-1.95	2.16	-3.71
Dominica	—	—	—	—	—	—	—	0.79	-0.02
Ecuador	118.11	77.89	-131.10	32.68	-61.20	-2.11	61.37	16.80	100.40
Colombia	3.70	-2.84	13.72	-81.01	19.19	0.85	-142.64	78.62	283.90
Costa Rica	3.84	1.36	10.24	15.21	6.79	28.49	-0.60	-2.15	2.14
Grenada	—	0.10	0.11	0.57	3.03	—	1.82	-1.37	-0.06
Cuba	42.43	9.74	-6.50	33.23	-11.52	11.37	43.95	68.56	4.54
Guyana	-3.89	6.51	22.51	28.59	-4.44	63.64	-10.38	-3.06	19.59
Honduras	—	27.71	—	49.06	4.83	-10.92	2.99	—	—
Cayman Islands	10 213.03	13 522.83	-6 605.96	5 473.12	-4 356.68	8 562.22	10 753.56	5 762.38	8 730.84
Peru	-177.76	67.37	98.26	84.81	352.00	321.70	454.46	207.82	75.54

Annex Table 1   Continued 5

(Millions of USD)

Country/Region	2015	2016	2017	2018	2019	2020	2021	2022	2023
Mexico	−6.28	211.84	171.33	378.45	163.56	264.56	231.83	488.52	1 078.89
Nicaragua	0.55	1.01	0.01	0.13	2.93	−0.23	0.24	—	0.70
St. Lucia	0.15	0.75	3.29	—	−0.58	—	—	—	—
St.Vincent and Grenadines	3.03	−2.53	3.37	1.22	0.00	—	−0.34	−3.18	−4.97
Suriname	20.09	3.43	52.53	−1.73	40.58	−1.21	−1.78	1.21	1.00
Trinidad and Tobago	9.15	2.10	12.40	15.17	23.36	−10.47	4.71	6.02	13.17
Guatemala	—	—	—	—	−0.04	4.69	—	0.47	0.96
Venezuela	288.30	−99.86	274.48	328.07	−223.76	−446.00	−241.12	−41.05	2.99
Uruguay	36.15	49.27	−14.22	35.73	1.89	3.24	18.72	9.19	−18.54
Jamaica	—	418.64	82.46	156.21	−112.47	−2.78	−9.16	5.38	48.28
Anguilla,British	1.00	5.84	—	0.90	−0.28	—	—	—	—
Virgin Islands, British	1 849.00	12 288.49	19 301.17	7 149.78	8 682.57	6 975.62	13 971.01	9 115.95	2 546.10
Chile	6.85	216.96	99.63	168.06	605.72	22.26	89.88	264.82	295.64
North America	10 718.48	20 350.96	6 498.27	8 723.83	4 367.13	6 343.12	6 580.90	7 271.19	7 781.73
Bermuda	1 126.98	498.65	−248.05	−316.83	87.56	114.43	66.38	−167.65	515.12
Canada	1 562.83	2 871.50	320.83	1 563.50	472.88	210.02	930.17	146.76	353.68
United States	8 028.67	16 980.81	6 425.49	7 477.17	3 806.68	6 018.67	5 584.35	7 292.08	6 912.93
Oceania	3 871.09	5 211.77	5 105.39	2 222.63	2 081.08	1 445.73	2 116.42	3 073.31	505.50
Australia	3 401.31	4 186.88	4 241.96	1 985.97	2 086.67	1 198.59	1 922.54	2 785.88	545.27
Papua New Guinea	41.77	−43.68	101.61	−79.04	−64.68	−153.70	−181.88	181.29	−224.55
Fiji	12.40	44.61	17.06	16.23	17.46	22.80	37.16	−15.93	−35.91
Kiribati	—	—	—	—	15.42	18.05	29.06	27.94	2.48
Marshall Islands	−56.82	2.60	7.98	12.10	16.84	38.49	19.56	12.38	8.04
Micronesia, FS	3.55	0.00	−14.74	—	0.63	−0.68	0.62	0.67	0.83
Nauru	—	—	—	—	—	0.36	13.00	−1.54	−3.63
Palau	1.50	0.50	0.08	0.29	0.21	—	—	0.15	0.10
Samoa	95.86	109.24	128.40	12.36	−5.30	−134.73	32.43	−38.04	−25.92
Solomon Islands	—	—	—	—	0.10	2.26	−3.47	1.52	40.33
Tonga	0.98	0.35	1.12	0.05	0.21	0.71	17.52	−0.08	0.95
Vanuatu	22.45	5.42	25.32	17.21	2.12	0.66	5.28	2.54	8.96
New Zealand	348.09	905.85	596.61	257.46	11.40	452.92	224.61	116.54	188.56

Annex Table 2 China's Outward FDI Stock by Country and Region, 2015−2023

(Millions of USD)

Country/Region	2015	2016	2017	2018	2019	2020	2021	2022	2023
Total	1 097 864. 59	1 357 390. 45	1 809 036. 52	1 982 265. 85	2 198 880. 69	2 580 658. 44	2 785 149. 71	2 754 814. 07	2 955 399. 78
Asia	768 901. 32	909 445. 47	1 139 323. 79	1 276 134. 37	1 460 221. 56	1 644 894. 00	1 772 015. 20	1 831 858. 42	2 014 843. 34
Afghanistan	419. 93	440. 50	403. 64	404. 44	418. 94	432. 84	435. 00	447. 72	433. 73
United Arab Emirates*	4 602. 84	4 888. 30	5 372. 83	6 436. 06	7 635. 67	9 283. 24	9 844. 94	11 884. 69	8 909. 78
Oman	200. 77	86. 63	99. 04	150. 68	116. 34	236. 98	285. 30	267. 60	220. 37
Pakistan*	4 035. 93	4 759. 11	5 715. 84	4 246. 82	4 797. 98	6 218. 94	7 485. 38	6 822. 51	6 302. 24
Palestine	0. 04	0. 23	0. 04	0. 04	—	—	—	—	—
Bahrain	3. 87	37. 36	74. 37	71. 96	70. 74	70. 94	134. 69	130. 78	136. 56
Korea, DPR	625. 00	679. 15	606. 53	566. 01	462. 28	479. 55	452. 04	437. 98	343. 29
Timor−Leste	100. 28	147. 94	174. 17	166. 68	80. 85	129. 18	101. 40	95. 28	49. 56
Philippines	711. 05	718. 93	819. 60	830. 02	664. 09	767. 13	883. 90	1 112. 83	1 193. 25
Kazakhstan*	5 095. 46	5 432. 27	7 561. 45	7 341. 08	7 254. 13	5 869. 37	7 487. 43	6 978. 69	7 909. 74
Korea, Rep.	3 698. 04	4 237. 24	5 983. 47	6 710. 11	6 673. 40	7 054. 73	6 601. 50	6 674. 15	6 988. 68
Kyrgyzstan	1 070. 59	1 237. 82	1 299. 38	1 393. 08	1 550. 03	1 767. 33	1 531. 42	1 537. 01	1 484. 59
Cambodia*	3 675. 86	4 368. 58	5 448. 73	5 973. 68	6 463. 70	7 038. 52	6 965. 59	7 444. 11	7 967. 79
Qatar	449. 93	1 025. 65	1 105. 49	435. 98	458. 92	618. 51	789. 46	943. 91	760. 45
Kuwait	543. 62	578. 10	936. 23	1 091. 84	834. 51	849. 23	853. 56	1 043. 00	628. 07
Lao PDR*	4 841. 71	5 500. 14	6 654. 95	8 309. 76	8 249. 59	10 201. 42	9 939. 74	9 578. 37	10 005. 30
Lebanon	3. 78	3. 01	2. 01	2. 22	2. 22	2. 22	0. 44	0. 44	0. 44
Maldives	2. 37	35. 78	67. 43	74. 77	82. 47	43. 98	72. 04	63. 35	56. 87
Malaysia	2 231. 37	3 633. 96	4 914. 70	8 387. 24	7 923. 69	10 211. 84	10 355. 15	12 050. 46	13 477. 94
Mongolia	3 760. 06	3 838. 59	3 622. 80	3 365. 07	3 430. 54	3 236. 10	1 569. 52	1 487. 05	1 500. 22
Bangladesh*	188. 43	225. 17	329. 07	870. 23	1 248. 30	1 710. 58	2 204. 48	2 994. 66	4 265. 61
Myanmar	4 258. 73	4 620. 42	5 524. 53	4 680. 06	4 134. 45	3 809. 04	3 988. 21	3 972. 52	3 816. 05
Nepal, FDR	291. 93	247. 05	227. 62	379. 19	538. 66	434. 70	463. 35	435. 53	402. 61
Japan*	3 038. 20	3 184. 01	3 197. 34	3 490. 52	4 098. 05	4 196. 72	4 882. 87	5 075. 19	5 766. 59
Cyprus	109. 15	110. 05	718. 69	845. 43	1 061. 47	202. 74	131. 24	135. 46	139. 11
Saudi Arabia*	2 434. 39	2 607. 29	2 038. 27	2 594. 56	2 527. 73	2 930. 91	3 524. 19	3 007. 96	3 185. 94
Sri Lanka	772. 51	728. 91	728. 35	468. 93	551. 47	523. 42	639. 76	528. 62	524. 18
Tajikistan	909. 09	1 167. 03	1 616. 09	1 944. 83	1 946. 08	1 568. 01	1 627. 22	1 892. 89	2 288. 87
Thailand	3 440. 12	4 533. 48	5 358. 47	5 946. 70	7 185. 85	8 825. 55	9 917. 21	10 567. 78	12 657. 43
Turkey	1 328. 84	1 061. 38	1 301. 35	1 733. 68	1 867. 86	2 151. 87	1 921. 36	3 003. 56	3 016. 88
Turkmenistan	133. 04	249. 08	342. 72	311. 93	226. 56	336. 47	294. 17	225. 24	424. 28

Annex Table 2　Continued 1

(Millions of USD)

Country/Region	2015	2016	2017	2018	2019	2020	2021	2022	2023
Brunei	73.52	203.77	220.67	220.45	426.96	388.12	96.28	103.85	112.36
Uzbekistan	882.04	1 057.71	946.07	3 689.88	3 246.21	3 264.64	2 807.72	4 508.13	2 474.96
Singapore*	31 984.91	33 445.64	44 568.09	50 093.83	52 636.56	59 857.85	67 202.28	73 449.91	86 446.82
Syria	11.00	10.31	10.31	0.87	13.57	14.06	13.92	13.24	1.97
Yemen	453.30	39.21	612.55	623.00	544.19	541.27	529.69	525.46	539.55
Iraq*	388.12	557.81	414.37	598.54	1 377.52	1 737.89	1 941.83	2 507.37	2 168.67
Iran	2 949.19	3 330.81	3 623.50	3 234.29	3 055.62	3 527.24	3 419.97	3 393.60	3 923.85
Israel*	317.18	4 229.88	4 148.69	4 619.98	3 775.02	3 869.13	3 447.70	3 385.02	2 792.98
India*	3 770.47	3 107.51	4 747.33	4 662.80	3 610.09	3 183.31	3 518.89	3 483.39	3 206.26
Indonesia*	8 125.14	9 545.54	10 538.80	12 811.28	15 132.55	17 938.83	20 080.48	24 722.06	26 346.26
Jordan	32.55	39.49	64.40	141.98	311.73	203.72	183.59	229.27	300.26
Viet Nam*	3 373.56	4 983.63	4 965.36	5 605.43	7 073.71	8 574.56	10 852.11	11 660.72	13 593.99
Macao (China)	5 739.12	6 783.39	9 680.29	8 865.78	9 851.68	10 532.34	11 236.24	12 686.42	13 946.58
Taiwan Prov (China)	969.05	982.72	1 272.47	1 351.57	1 254.40	1 528.09	1 644.33	1 676.79	1 610.91
Hong Kong* (China)	656 855.24	780 744.89	981 265.68	1 100 391.08	1 275 355.18	1 438 530.92	1 549 657.64	1 588 673.84	1 752 521.54
Africa	**34 694.40**	**39 877.47**	**43 296.50**	**46 103.53**	**44 390.22**	**43 399.20**	**44 186.21**	**40 901.18**	**42 115.35**
Algeria	2 531.55	2 552.48	1 833.66	2 062.86	1 775.35	1 643.52	1 716.02	1 621.92	1 699.96
Egypt	663.15	888.91	834.84	1 079.26	1 085.80	1 191.72	1 273.44	1 203.37	1 287.31
Ethiopia	1 130.13	2 000.65	1 975.56	2 568.16	2 558.87	2 992.80	2 810.90	2 620.32	2 574.37
Angola*	1 268.29	1 633.21	2 260.16	2 299.19	2 890.73	2 690.09	2 710.09	1 946.17	2 554.12
Benin	87.31	102.51	104.37	103.99	91.44	75.46	84.71	168.62	158.71
Botswana	321.08	437.50	296.87	258.16	186.28	190.43	153.52	143.43	160.27
Burkina Faso	—	0.20	0.20	0.20	1.49	1.71	7.05	6.64	5.88
Burundi	12.37	12.42	10.29	12.52	8.20	10.52	16.91	19.59	18.24
Equatorial Guinea	231.63	236.59	395.97	552.85	404.13	336.01	280.65	235.15	235.70
Togo	128.82	118.57	112.85	102.07	101.16	99.45	67.28	55.99	54.85
Eritrea	119.41	378.45	216.55	223.94	223.29	199.86	208.17	320.43	416.63
Cape Verde	15.18	15.23	14.63	14.63	2.34	2.82	1.31	1.62	1.55
Gambia	1.24	3.84	5.36	24.79	13.90	19.03	19.38	19.97	21.21
Congo	1 088.67	782.91	1 126.06	795.10	609.84	1 130.88	967.09	395.22	680.01
Congo, DR*	3 239.35	3 514.98	3 884.11	4 444.46	5 596.60	3 688.13	4 259.36	4 129.83	3 914.81
Djibouti	60.46	125.40	232.86	178.49	125.26	98.83	82.43	85.82	87.47
Guinea*	382.72	417.74	675.45	742.44	763.26	472.82	959.33	1 045.04	660.86
Guinea-Bissau	69.06	70.16	76.39	65.21	26.71	24.27	24.25	25.06	26.59
Ghana	1 274.49	1 958.27	1 575.36	1 797.47	1 831.29	1 584.03	1 093.54	1 058.26	875.79

Annex Table 2　Continued 2

(Millions of USD)

Country/Region	2015	2016	2017	2018	2019	2020	2021	2022	2023
Gabon	244. 42	256. 83	385. 35	258. 66	252. 21	259. 19	218. 31	152. 16	139. 08
Zimbabwe*	1 798. 92	1 839. 00	1 748. 34	1 766. 25	1 771. 48	1 795. 80	1 707. 51	1 604. 85	1 038. 49
Cameroon	207. 34	366. 74	424. 36	499. 21	303. 90	442. 74	433. 55	389. 68	544. 58
Comoros	4. 53	4. 53	4. 53	5. 45	1. 83	1. 18	1. 04	1. 33	1. 35
Cote d'lvoire	126. 78	179. 66	303. 68	441. 54	564. 34	666. 85	793. 19	808. 51	890. 24
Kenya	1 099. 04	1 102. 70	1 543. 45	1 755. 88	1 624. 23	2 154. 30	2 259. 81	1 782. 42	1 728. 19
Lesotho	11. 15	6. 63	6. 53	6. 53	5. 93	17. 58	14. 51	9. 37	4. 00
Liberia	288. 99	297. 30	319. 63	260. 39	167. 65	168. 88	162. 78	155. 78	140. 73
Libya	105. 77	211. 12	366. 75	425. 68	299. 43	155. 37	138. 79	87. 54	72. 53
Rwanda	123. 57	89. 36	99. 25	146. 82	167. 51	170. 80	203. 10	181. 88	173. 63
Madagascar	347. 70	297. 63	766. 30	803. 35	272. 91	390. 74	322. 87	281. 94	253. 67
Malawi*	258. 15	259. 05	291. 12	292. 10	161. 45	173. 16	176. 72	196. 59	238. 88
Mali	307. 33	320. 01	394. 86	301. 47	305. 00	308. 21	438. 61	478. 03	438. 81
Mauritius	1 096. 58	1 176. 20	960. 87	997. 66	1 291. 68	886. 71	1 058. 82	1 515. 66	1 897. 79
Mauritania	105. 83	193. 36	235. 85	232. 61	181. 40	182. 95	142. 77	183. 75	210. 20
Morocco	156. 29	162. 70	318. 21	382. 29	303. 29	383. 47	349. 20	282. 70	513. 29
Mozambique*	724. 52	782. 26	872. 91	1 410. 17	1 146. 75	1 317. 49	1 263. 60	1 180. 35	1 468. 22
Namibia	380. 44	453. 57	480. 47	426. 15	363. 59	354. 89	220. 51	176. 92	172. 35
South Africa*	4 722. 97	6 500. 84	7 472. 77	6 531. 68	6 146. 57	5 417. 22	5 294. 17	5 741. 69	5 841. 64
Republic of South Sudan	35. 98	37. 03	47. 68	35. 69	26. 88	25. 60	80. 72	56. 74	61. 25
Niger	565. 44	525. 30	665. 65	758. 40	956. 71	1 176. 62	1 423. 90	1 853. 56	2 304. 02
Nigeria	2 376. 76	2 541. 68	2 861. 53	2 453. 49	2 194. 00	2 367. 54	2 695. 79	2 323. 99	2 662. 33
Sierra Leone	196. 30	188. 82	184. 22	168. 06	165. 32	134. 17	106. 44	87. 50	89. 69
Senegal	126. 02	149. 59	214. 30	314. 65	234. 24	426. 76	438. 85	176. 81	202. 49
Seychelles	160. 11	246. 65	231. 27	451. 91	414. 05	439. 51	492. 69	486. 14	532. 02
Sao Tome and Principe	0. 38	0. 38	0. 38	0. 38	0. 44	1. 99	0. 69	0. 51	—
Sudan	1 809. 36	1 104. 34	1 201. 56	1 325. 07	1 203. 09	1 120. 30	1 115. 52	885. 95	952. 14
Tanzania	1 138. 87	1 191. 99	1 280. 30	1 302. 75	1 335. 54	1 541. 00	1 577. 07	1 440. 82	1 524. 98
Tunisia	20. 84	16. 30	15. 08	21. 53	36. 62	29. 09	33. 47	26. 20	8. 75
Uganda	722. 15	1 006. 47	575. 94	798. 17	669. 94	711. 96	633. 12	692. 44	586. 03
Zambia*	2 338. 02	2 687. 16	2 963. 44	3 523. 02	2 863. 79	3 055. 00	3 029. 57	1 979. 57	1 534. 78
Chad	422. 72	396. 64	412. 25	592. 59	648. 52	654. 81	611. 32	567. 76	450. 70
Central African Republic	46. 22	35. 61	16. 12	88. 13	13. 98	14. 99	11. 74	9. 58	4. 12

Annex Table 2   Continued 3

(Millions of USD)

Country/Region	2015	2016	2017	2018	2019	2020	2021	2022	2023
Europe	83 678.97	87 201.92	110 854.68	112 796.92	114 383.86	122 431.89	134 794.38	141 072.93	147 679.13
Albania	6.95	7.27	4.78	6.42	7.11	6.00	4.85	0.66	0.67
Azerbaijan	63.70	28.42	27.99	9.18	7.80	25.06	21.03	28.92	34.79
Ireland	248.32	573.77	882.63	972.77	1 074.01	1 517.94	1 745.77	1 676.18	2 038.57
Estonia	3.50	3.50	3.62	56.84	63.33	5.32	5.32	5.18	1.69
Austria	327.99	530.51	851.49	461.63	492.18	675.23	720.06	523.92	572.97
Belarus	475.89	497.93	548.41	503.78	651.80	607.28	646.05	747.59	792.92
Bulgaria	235.97	166.07	250.46	171.09	156.81	155.84	151.31	142.14	155.25
North Macedonia	2.11	2.10	2.03	36.30	21.09	17.10	17.93	16.33	10.86
Belgium	519.53	544.03	479.23	326.41	470.95	500.63	488.20	414.15	353.65
Iceland	1.10	1.10	14.00	14.73	14.73	14.73	14.73	0.02	0.05
Bosnia and Herzegovina	7.75	8.60	4.34	4.34	16.70	22.86	21.22	40.46	65.93
Poland	352.11	321.32	405.52	523.73	555.59	682.31	535.76	645.10	789.42
Denmark	82.17	226.11	228.83	246.53	294.85	353.54	253.93	319.08	321.26
Germany *	5 881.76	7 841.75	12 163.20	13 688.61	14 233.99	14 549.58	16 697.49	18 550.56	17 063.52
Russian Federation *	14 019.63	12 979.51	13 871.60	14 208.22	12 803.97	12 070.89	10 644.11	9 901.55	10 668.18
France	5 723.55	5 116.17	5 702.71	6 598.79	5 954.34	4 860.95	4 863.90	4 814.26	4 622.81
Finland *	95.07	211.70	213.07	327.54	340.38	306.62	452.96	721.41	462.78
Georgia	533.75	550.23	568.17	639.70	670.92	701.67	792.29	853.61	1 065.10
Netherlands *	20 067.13	20 587.74	18 529.00	19 428.99	23 854.82	26 041.29	28 487.51	28 301.70	31 890.27
Montenegro	0.32	4.43	39.45	62.86	85.09	153.08	206.01	84.38	132.99
Czech Republic *	224.31	227.77	164.90	279.23	287.49	1 198.43	526.82	319.17	695.18
Croatia	11.82	11.99	39.08	69.08	98.40	252.64	245.53	242.48	370.09
Latvia	0.94	0.94	1.02	11.70	11.63	16.81	21.12	20.64	22.73
Lithuania	12.48	15.29	17.13	12.89	9.81	12.23	7.29	9.23	26.75
Liechtenstein	13.04	16.74	16.16	4.34	4.34	35.16	26.54	33.88	33.87
Luxembourg *	7 739.88	8 776.60	13 936.15	15 388.70	13 902.21	15 995.45	18 130.68	20 554.60	22 868.48
Romania	364.80	391.50	310.07	304.62	428.27	313.16	220.11	220.22	234.69
Malta	10.45	163.64	164.98	230.49	229.32	172.53	32.58	31.40	34.54
Moldova	2.11	3.87	3.87	3.87	3.87	3.87	4.17	2.41	2.11
Norway	3 471.29	2 641.97	2 083.45	1 997.70	1 246.93	1 042.58	27.18	19.31	29.13
Portugal	71.42	87.74	110.23	105.93	58.57	45.78	29.21	25.03	53.31
Sweden *	3 381.96	3 553.68	7 307.42	6 896.81	8 578.69	10 601.49	17 032.04	18 674.81	13 457.73
Switzerland *	604.15	576.21	8 111.73	5 000.37	5 662.84	6 759.61	6 949.56	8 269.09	2 110.39

Annex Table 2　Continued 4

(Millions of USD)

Country/Region	2015	2016	2017	2018	2019	2020	2021	2022	2023
Serbia	49. 79	82. 68	170. 02	271. 41	164. 73	310. 57	482. 29	557. 46	1 088. 40
Slovakia	127. 79	82. 77	83. 45	99. 29	82. 74	82. 87	4. 41	4. 33	3. 54
Slovenia	5. 00	26. 86	27. 25	40. 09	189. 60	46. 80	50. 18	473. 49	545. 62
Ukraine	68. 90	66. 71	62. 65	90. 48	158. 03	190. 34	136. 93	80. 36	96. 54
Spain*	608. 01	736. 47	692. 63	1 060. 14	1 110. 57	1 109. 50	1 136. 52	1 185. 81	1 693. 86
Greece	119. 48	48. 08	182. 22	242. 47	231. 02	126. 29	132. 95	125. 22	129. 07
Hungary	571. 11	313. 70	327. 86	320. 69	427. 36	341. 87	382. 32	580. 66	1 086. 74
Armenia	7. 51	7. 51	29. 96	49. 61	12. 89	12. 25	27. 02	30. 96	5. 00
Italy	931. 97	1 554. 84	1 903. 79	2 145. 35	2 570. 17	2 847. 81	3 413. 16	2 476. 26	2 788. 76
United Kingdom*	16 632. 46	17 612. 10	20 318. 17	19 883. 23	17 143. 90	17 645. 92	19 005. 31	19 348. 89	29 258. 90
Latin America	**126 318. 93**	**207 152. 57**	**386 892. 30**	**406 771. 93**	**436 046. 97**	**629 810. 25**	**693 740. 17**	**596 152. 91**	**600 800. 97**
Argentina	1 948. 92	1 943. 66	1 539. 54	1 582. 97	1 808. 41	1 992. 66	2 141. 14	2 134. 49	1 821. 20
Antigua & Barbuda	6. 30	6. 70	6. 70	5. 80	5. 44	3. 83	3. 83	3. 25	17. 96
Barbados	2. 89	87. 72	117. 30	200. 73	59. 11	59. 15	354. 60	160. 78	151. 77
Bahamas*	0. 60	160. 60	160. 63	164. 69	162. 02	162. 12	1 546. 51	1 590. 89	1 129. 93
Paraguay	47. 91	47. 91	46. 06	0. 84	0. 00	0. 68	3. 69	2. 40	3. 45
Panama*	228. 15	268. 85	358. 78	506. 11	549. 99	676. 52	1 001. 99	1 162. 85	1 402. 16
Brazil	2 257. 12	2 962. 51	3 205. 54	3 812. 45	4 434. 78	3 205. 06	3 007. 71	3 409. 99	3 944. 45
Bolivia	317. 46	370. 68	413. 49	351. 50	472. 27	287. 96	307. 51	230. 24	270. 21
Belize	0. 70	0. 70	—	—	—	—	447. 92	140. 47	139. 57
Dominican Republic	1. 01	1. 01	0. 01	0. 01	0. 25	3. 30	1. 35	6. 92	3. 60
Dominica	3. 15	3. 15	3. 15	3. 15	3. 15	3. 15	3. 15	3. 79	7. 38
Ecuador	1 056. 35	1 180. 12	1 032. 44	1 240. 52	647. 72	601. 41	470. 36	418. 47	447. 87
Colombia	554. 43	362. 45	357. 87	284. 10	307. 10	428. 51	108. 81	244. 26	535. 03
Costa Rica	7. 82	8. 20	26. 02	42. 67	35. 01	65. 90	35. 75	12. 20	8. 07
Grenada	23. 67	23. 77	25. 07	23. 89	27. 12	27. 12	22. 62	19. 79	3. 02
Cuba	120. 62	131. 50	115. 00	149. 11	118. 00	139. 86	180. 18	248. 15	284. 96
Guyana	256. 01	256. 68	110. 69	198. 86	193. 44	257. 34	265. 57	231. 54	215. 09
Honduras	—	27. 71	1. 16	50. 22	15. 62	4. 69	6. 66	3. 81	3. 83
Cayman Islands*	62 404. 08	104 208. 93	249 682. 19	259 223. 71	276 145. 06	457 026. 99	229 525. 07	211 508. 87	221 905. 16
Peru	705. 49	759. 78	839. 43	941. 50	1 398. 94	1 705. 11	2 181. 37	2 309. 53	2 350. 21
Mexico*	524. 76	578. 60	898. 02	1 106. 88	1 161. 08	1 166. 95	1 302. 16	1 683. 91	3 488. 22
Nicaragua	3. 67	4. 67	3. 14	3. 27	6. 17	5. 92	6. 16	6. 00	6. 66

Annex Table 2　Continued 5

（Millions of USD）

Country/Region	2015	2016	2017	2018	2019	2020	2021	2022	2023
Salvador	0. 01	0. 01	0. 01	—	—	—	—	—	—
St. Lucia	0. 15	1. 44	4. 73	4. 73	4. 15	4. 15	4. 15	4. 15	4. 15
St. Vincent and Grenadines	42. 04	39. 52	42. 88	43. 74	43. 21	40. 29	39. 94	36. 76	31. 79
Suriname	113. 52	125. 08	164. 39	99. 40	132. 69	92. 08	37. 75	81. 78	84. 73
Trinidad and Tobago	604. 63	606. 66	621. 77	637. 09	660. 46	633. 53	112. 51	91. 98	112. 32
Guatemala	0. 99	1. 12	0. 74	0. 74	0. 10	4. 78	0. 01	0. 47	1. 43
Venezuela	2 800. 29	2 741. 71	3 207. 25	3 501. 23	3 431. 30	2 961. 04	587. 72	468. 51	569. 50
Uruguay	182. 73	225. 59	198. 68	271. 20	229. 37	185. 13	217. 87	229. 24	213. 69
Jamaica	225. 68	839. 19	1 114. 12	1 187. 40	921. 65	1 130. 58	1 080. 89	1 065. 74	1 129. 44
Anguilla, British	1. 00	6. 84	7. 19	22. 93	22. 65	22. 65	22. 65	22. 65	22. 65
Virgin Islands, British	51 672. 14	88 765. 89	122 060. 75	130 496. 78	141 878. 84	155 644. 95	447 477. 34	367 281. 19	358 893. 54
Chile	204. 64	403. 62	527. 57	613. 70	1 171. 89	1 266. 83	1 235. 24	1 337. 81	1 597. 93
North America	**52 179. 26**	**75 472. 46**	**86 905. 97**	**96 348. 33**	**100 225. 53**	**100 016. 33**	**100 225. 80**	**103 487. 22**	**110 107. 84**
Bermuda*	2 861. 06	2 166. 49	8 588. 11	8 318. 32	8 336. 57	7 483. 48	9 260. 29	11 009. 33	15 816. 24
Canada*	8 516. 25	12 725. 99	10 936. 86	12 522. 72	14 091. 47	12 485. 13	13 793. 15	13 305. 99	10 597. 34
United States*	40 801. 95	60 579. 98	67 381. 00	75 507. 29	77 797. 50	80 047. 71	77 172. 36	79 171. 90	83 694. 26
Oceania	**32 091. 71**	**38 240. 56**	**41 763. 27**	**44 110. 78**	**43 612. 55**	**40 106. 77**	**40 187. 96**	**41 341. 42**	**39 853. 16**
Australia*	28 373. 85	33 350. 56	36 175. 31	38 378. 68	38 068. 38	34 439. 36	34 430. 47	35 788. 29	34 773. 92
Papua New Guinea	1 911. 83	1 869. 88	2 101. 21	2 039. 09	1 923. 36	1 785. 00	1 556. 66	1 677. 04	1 336. 31
Fiji	97. 92	148. 50	156. 70	174. 02	195. 47	182. 52	143. 22	172. 97	130. 38
Kiribati	2. 93	2. 93	2. 93	2. 93	18. 35	36. 39	65. 94	93. 39	95. 86
Cook Islands	0. 07	0. 07	0. 07	0. 07	0. 07	0. 07	0. 07	0. 07	0. 07
Marshall Islands*	60. 05	65. 41	60. 68	76. 05	96. 82	164. 86	180. 07	189. 31	137. 27
Micronesia, FS	15. 17	34. 66	19. 54	15. 49	15. 06	13. 48	13. 23	18. 01	18. 89
Nauru	—	—	—	—	0. 10	0. 46	35. 00	15. 69	30. 03
Palau	11. 60	12. 10	12. 18	12. 11	18. 81	18. 53	18. 50	18. 37	18. 09
Samoa	306. 91	546. 85	627. 55	683. 74	683. 81	450. 30	492. 89	597. 69	550. 19
Solomon Islands	—	—	—	—	0. 10	6. 86	3. 38	1. 85	46. 99
Tonga	8. 19	8. 44	9. 56	8. 92	10. 01	11. 93	29. 41	10. 55	30. 30
Vanuatu	94. 47	98. 69	105. 76	128. 47	122. 47	129. 17	90. 42	67. 79	82. 45
New Zealand	1 208. 72	2 102. 47	2 491. 80	2 591. 20	2 459. 73	2 867. 84	3 128. 71	2 690. 40	2 602. 40

Note: " * " The stock for 2023 are recomputed after ajustment of historical data.

Annex Table 3 Distribution of China's Outward FDI Flows by Industry, 2015—2023

(Millions of USD)

	INDUSTRY	2015	2016	2017	2018	2019	2020	2021	2022	2023
A	Agriculture, Forestry, Animal Husbandry and Fishery	2 572. 08	3 287. 15	2 507. 69	2 562. 58	2 439. 20	1 078. 64	930. 75	511. 71	1 816. 28
B	Mining	11 252. 61	1 930. 20	−3 701. 52	4 627. 94	5 128. 23	6 131. 26	8 414. 98	15 100. 82	9 878. 78
C	Manufacturing	19 986. 29	29 048. 72	29 507. 37	19 107. 68	20 241. 81	25 838. 21	26 866. 73	27 153. 70	27 342. 25
D	Production and Supply of Electricity, Heat, Gas and Water	2 135. 07	3 535. 99	2 344. 01	4 702. 46	3 868. 72	5 770. 31	4 389. 08	5 446. 73	4 654. 03
E	Construction	3 735. 01	4 392. 48	6 527. 72	3 618. 48	3 779. 84	8 094. 55	4 619. 08	1 441. 50	2 859. 29
F	Wholesale and Retail Trade	19 217. 85	20 894. 17	26 311. 02	12 237. 91	19 471. 08	22 997. 64	28 152. 01	21 169. 08	38 822. 62
G	Transport, Storage and Post	2 726. 82	1 678. 81	5 467. 92	5 160. 57	3 879. 62	6 233. 20	12 226. 21	15 038. 13	8 441. 97
H	Lodging and Catering Services	723. 19	1 625. 49	−185. 09	1 353. 96	603. 98	118. 41	269. 33	13. 98	947. 45
I	Information Transmission, Software and IT Services	6 820. 37	18 660. 22	4 430. 24	5 631. 87	5 477. 94	9 187. 18	5 135. 91	1 693. 29	2 281. 35
J	Finance	24 245. 53	14 918. 09	18 785. 44	21 717. 20	19 949. 29	19 663. 18	26 798. 79	22 125. 54	18 218. 52
K	Real Estate	7 786. 56	15 246. 74	6 795. 06	3 066. 00	3 418. 39	5 186. 03	4 097. 85	2 206. 54	1 416. 32
L	Leasing and Business Service	36 257. 88	65 781. 57	54 273. 21	50 778. 13	41 875. 08	38 725. 62	49 357. 32	43 479. 73	54 166. 19
M	Scientific Research and Technical Service	3 345. 40	4 238. 06	2 390. 65	3 801. 99	3 431. 63	3 734. 65	5 072. 13	4 817. 19	5 048. 33
N	Management of Water Conservancy, Environment and Public Facilities	1 367. 73	847. 05	218. 92	178. 63	269. 88	156. 71	224. 94	182. 70	236. 72
O	Residents Service, Repair and Other Service	1 599. 48	5 424. 29	1 865. 26	2 228. 22	1 673. 38	2 160. 78	1 809. 48	679. 15	1 048. 45
P	Education	62. 29	284. 52	133. 72	573. 02	648. 80	130. 04	28. 25	240. 93	85. 77
Q	Health, Social Works	83. 87	487. 19	352. 67	524. 80	227. 17	637. 67	338. 77	286. 26	160. 69
R	Culture, Sports and Entertainment	1 747. 51	3 868. 69	264. 01	1 165. 86	523. 52	−2 133. 83	87. 73	1 534. 03	−137. 15
S	Public Management, Social Security and Social Organizations	1. 60	—	—	—	—	—	—	—	—
	Total	**145 667. 15**	**196 149. 43**	**158 288. 30**	**143 037. 31**	**136 907. 56**	**153 710. 26**	**178 819. 32**	**163 121. 00**	**177 287. 84**

Annex Table 4　Distribution of China's Outward FDI Stock by Industry，2015−2023

（Millions of USD）

INDUSTRY	2015	2016	2017	2018	2019	2020	2021	2022	2023
A Agriculture，Forestry，Animal Husbandry and Fishery	11 475. 80	14 885. 02	16 561. 94	18 773. 18	19 668. 92	19 434. 95	18 815. 76	18 707. 58	20 021. 01
B Mining	142 381. 31	152 369. 59	157 670. 26	173 480. 81	175 398. 39	175 878. 84	181 507. 65	210 126. 60	193 509. 73
C Manufacturing	78 528. 26	108 112. 71	140 300. 75	182 305. 88	200 135. 70	277 868. 53	263 263. 33	268 004. 18	283 402. 48
D Production and Supply of Electricity，Heat，Gas and Water	15 663. 10	22 821. 41	24 990. 90	33 694. 71	33 061. 17	42 379. 47	50 492. 40	54 802. 35	58 679. 36
E Construction	27 124. 12	32 419. 75	37 703. 99	41 632. 29	42 230. 27	50 796. 99	55 073. 13	51 199. 43	52 499. 02
F Wholesale and Retail Trade*	121 940. 86	169 168. 20	226 427. 13	232 692. 68	295 538. 71	345 315. 58	369 581. 61	361 593. 21	421 400. 64
G Transport，Storage and Post	39 905. 52	41 422. 02	54 767. 95	66 500. 33	76 533. 56	80 775. 58	91 722. 68	96 840. 13	104 263. 36
H Lodging and Catering Services	2 233. 34	4 194. 07	3 513. 05	4 404. 34	4 920. 25	4 926. 46	4 910. 36	3 832. 12	4 353. 70
I Information Transmission，Software and IT Services	20 927. 52	64 801. 51	218 897. 37	193 574. 56	202 206. 05	297 913. 82	160 227. 46	138 491. 28	133 107. 09
J Finance	159 660. 10	177 342. 45	202 793. 04	217 895. 44	254 534. 42	270 061. 73	300 350. 25	303 905. 95	323 819. 53
K Real Estate*	33 493. 05	46 104. 71	53 755. 05	57 340. 96	77 611. 39	81 407. 91	92 916. 31	88 027. 64	88 519. 13
L Leasing and Business Service*	409 567. 71	473 994. 32	615 773. 49	675 464. 58	734 081. 68	831 642. 14	1 115 237. 84	1 073 734. 50	1 179 100. 16
M Scientific Research and Technical Service	14 430. 83	19 720. 19	21 683. 99	44 245. 64	46 009. 91	60 579. 66	45 075. 18	44 554. 13	58 523. 83
N Management of Water Conservancy，Environment and Public Facilities	2 541. 91	3 574. 69	2 389. 96	3 131. 08	3 300. 60	3 571. 06	2 854. 19	2 912. 24	2 752. 93
O Residents Service，Repair and Other Service*	14 276. 60	16 901. 88	19 017. 33	16 715. 29	13 603. 44	13 541. 33	14 607. 81	14 148. 60	14 133. 28
P Education	286. 62	723. 72	3 286. 16	4 761. 11	4 292. 61	7 902. 80	2 731. 11	9 381. 88	3 749. 08
Q Health，Social Works	175. 36	921. 37	1 388. 80	2 996. 97	3 126. 91	3 965. 16	3 767. 09	3 342. 14	3 414. 63
R Culture，Sports and Entertainment	3 250. 98	7 912. 84	8 115. 36	12 655. 99	12 626. 71	12 696. 42	12 015. 56	11 210. 11	10 150. 83
S Public Management，Social Security and Social Organizations	1. 60	—	—	—	—	—	—	—	—
Total	1 097 864. 59	1 357 390. 45	1 809 036. 52	1 982 265. 85	2 198 880. 69	2 580 658. 44	2 785 149. 71	2 754 814. 07	2 955 399. 78

Note："*" The Stock for 2023 are recomputed after adjustment of historical data.

Annex Table 5   China's Outward FDI Flows by Province, 2015—2023 (Non-Financial Part)

(Millions of USD)

Province/Region	2015	2016	2017	2018	2019	2020	2021	2022	2023
Central Co, total	27 817.52	30 719.36	53 271.85	23 056.91	27 213.80	49 195.23	64 291.02	54 943.78	66 225.57
Provincial total	93 604.10	150 511.98	86 231.01	98 263.20	89 744.46	84 851.85	87 729.52	86 051.68	92 843.75
Beijing	12 280.33	15 573.62	6 651.26	6 470.42	8 266.01	5 985.18	7 047.90	5 998.77	5 508.07
Tianjin	2 526.54	17 941.46	2 305.02	3 373.48	4 403.13	1 544.78	2 319.06	3 306.15	1 679.97
Hebei	940.30	3 012.85	1 652.76	1 605.55	1 941.96	1 251.40	2 751.59	2 761.02	2 519.00
Shanxi	186.11	569.57	370.72	522.42	63.33	70.27	289.38	194.29	71.22
Inner Mongolia	404.47	1 752.10	548.79	883.14	464.69	238.74	179.82	1 691.89	990.14
Liaoning	2 122.04	1 862.91	1 171.82	1 722.40	601.53	464.74	1 205.85	617.67	510.20
Dalian	1 349.20	1 054.69	441.46	1 304.12	75.96	−66.13	243.15	225.26	151.48
Jilin	658.23	205.25	226.98	38.50	79.93	89.57	96.35	112.18	70.91
Heilongjiang	423.88	1 182.59	513.82	477.51	581.45	60.50	80.54	42.91	55.89
Shanghai	23 182.88	23 967.72	12 990.29	15 329.35	10 492.32	12 551.40	13 221.20	10 661.28	9 871.69
Jiangsu	7 250.00	12 201.96	4 357.84	6 097.13	5 115.20	6 139.16	9 063.86	5 762.66	8 922.70
Zhejiang	7 108.16	12 313.98	10 660.04	12 281.22	8 951.57	10 743.89	13 374.83	15 284.19	15 639.19
Ningbo	2 514.56	5 696.27	1 467.71	3 489.09	1 570.56	2 745.14	2 606.93	3 621.87	4 194.20
Anhui	2 067.47	1 031.81	1 862.39	2 370.73	1 144.17	1 464.74	2 838.89	1 597.78	2 408.74
Fujian	2 757.43	4 119.19	2 825.22	4 538.29	2 896.12	3 339.24	4 037.03	2 070.37	4 209.70
Xiamen	995.23	1 867.68	1 091.78	2 016.62	538.97	884.70	1 408.09	634.73	1 566.68
Jiangxi	1 004.57	969.62	597.62	799.15	2 066.41	1 436.77	1 242.73	2 803.70	916.09
Shandong	7 109.83	13 023.79	7 875.18	6 690.61	10 239.64	6 102.41	5 018.65	6 464.32	6 954.90
Qingdao	1 277.74	5 249.43	1 287.67	2 593.83	1 627.25	−1 537.99	1 638.05	1 495.63	2 611.05
Henan	1 312.84	4 125.43	1 823.37	3 857.61	2 748.60	1 150.13	1 424.99	1 759.92	2 757.68
Hubei	635.96	1 318.96	1 320.30	1 080.79	1 551.05	621.94	1 947.23	1 620.84	1 307.58
Hunan	1 123.70	2 096.01	1 637.89	1 506.64	1 539.22	2 187.85	2 281.59	1 408.21	2 134.85
Guangdong	12 262.50	22 962.30	11 771.99	16 060.89	16 699.04	23 531.87	14 174.29	11 667.66	14 801.22
Shenzhen	6 459.20	11 683.93	6 567.78	10 546.53	9 359.30	12 762.61	8 716.26	5 839.76	6 651.09
Guangxi	450.91	1 430.87	636.66	1 272.81	279.58	391.04	164.44	430.48	284.82
Hainan	1 201.19	479.66	3 149.64	3 375.33	2 556.80	199.10	798.81	2 569.09	5 944.97
Chongqing	1 496.38	1 814.96	5 028.27	1 330.28	1 513.69	1 250.19	409.79	−58.31	164.73
Sichuan	1 187.30	1 412.01	1 765.69	2 177.37	1 569.98	1 875.04	1 522.03	3 164.40	1 951.88
Guizhou	65.39	74.67	36.58	81.58	14.34	15.48	320.95	1 048.73	384.50
Yunnan	946.48	1 562.11	1 473.82	1 201.27	894.62	730.30	1 009.34	1 168.91	522.90
Xizang	296.81	23.14	227.77	465.69	217.69	36.28	380.79	252.30	35.42
Shaanxi	624.08	796.87	1 260.55	657.14	554.75	709.35	245.10	681.97	377.88
Gansu	122.93	770.49	484.03	590.84	247.98	86.59	94.23	287.40	1 546.40
Qinghai	78.26	81.64	11.33	22.86	50.31	82.42	−168.91	13.54	2.26
Ningxia	1 089.59	577.50	97.23	448.70	546.88	98.88	97.04	51.07	3.73
Xinjiang	610.77	1 171.50	784.81	820.97	1 371.44	390.38	229.59	443.11	292.55
Xinjiang P&C Group	76.79	85.44	111.31	112.55	81.02	12.22	30.52	173.19	1.96
Total	121 421.62	181 231.34	139 502.86	121 320.11	116 958.27	134 047.08	152 020.54	140 995.47	159 069.32

Annex Table 6　China's Outward FDI Stock by Province，2015−2023（Non-Financial Part）

(Millions of USD)

Province/Region	2015	2016	2017	2018	2019	2020	2021	2022	2023
Central Co，total	593 726.81	655 996.97	878 782.06	1 015 615.68	1 158 798.00	1 430 864.16	1 634 351.35	1 518 027.92	1 621 603.71
Provincial total	344 477.68	524 051.03	727 461.42	748 754.73	785 548.27	879 732.56	850 448.12	932 880.20	1 009 976.54
Beijing	38 798.95	54 381.41	64 843.94	69 950.93	73 688.91	85 275.66	95 883.00	101 538.18	104 577.76
Tianjin	10 941.93	26 225.43	23 538.86	24 649.54	27 928.47	26 929.69	24 057.16	26 102.57	27 134.01
Hebei	5 724.81	8 627.39	11 104.54	11 286.21	11 814.04	13 604.50	16 274.53	17 227.00	18 987.42
Shanxi	2 110.51	3 161.80	2 562.19	3 077.72	2 895.92	2 244.43	2 426.73	2 470.02	2 138.21
Inner Mongolia	3 131.55	4 963.32	5 405.81	6 395.44	6 484.68	6 419.44	7 081.87	8 209.44	8 171.75
Liaoning	11 319.45	13 218.96	13 250.72	12 959.36	13 994.23	14 188.65	13 391.76	12 858.24	12 655.29
Dalian	7 094.25	8 134.47	6 995.31	7 582.18	6 839.58	6 892.82	5 734.22	5 809.86	5 563.81
Jilin	3 134.12	3 387.12	3 987.03	3 892.98	3 231.62	3 200.43	2 441.65	2 293.75	1 790.51
Heilongjiang	4 213.97	5 740.78	4 070.97	4 595.69	4 348.02	4 275.80	3 956.06	4 094.72	4 063.70
Shanghai	58 361.65	84 054.45	112 004.33	118 069.19	130 332.32	136 435.08	151 504.21	162 741.84	167 118.10
Jiangsu	22 614.24	34 946.74	40 317.48	46 145.23	54 496.45	60 141.87	68 535.02	63 620.67	75 495.76
Zhejiang	22 364.78	32 682.20	98 394.63	57 363.59	65 900.62	74 755.29	82 305.27	102 813.37	119 104.77
Ningbo	6 742.25	11 779.75	12 164.13	15 323.61	17 384.86	18 659.05	19 157.82	29 456.97	31 039.02
Anhui	6 266.96	5 818.50	9 049.94	11 236.12	12 715.46	14 745.68	17 637.59	19 857.13	21 721.66
Fujian	8 202.53	11 133.62	12 665.92	17 566.99	19 009.23	23 570.08	25 535.76	25 812.13	30 476.54
Xiamen	2 432.70	4 244.77	4 585.36	6 636.95	6 013.57	8 489.43	8 718.78	9 171.92	10 053.52
Jiangxi	2 595.24	3 569.64	4 089.74	4 201.13	6 121.51	7 669.84	8 455.34	10 996.36	11 254.35
Shandong	27 305.44	41 193.16	47 787.66	54 913.31	62 403.86	67 789.08	57 884.84	69 918.95	77 430.13
Qingdao	5 852.77	11 698.64	13 093.21	18 596.33	19 550.02	17 883.73	18 478.34	18 924.14	21 392.45
Henan	3 994.96	8 692.89	9 775.67	13 438.91	15 448.97	15 781.75	16 564.69	18 424.14	21 422.03
Hubei	2 860.68	4 182.63	5 625.11	6 454.58	7 012.07	6 883.05	7 393.00	10 277.61	8 191.34
Hunan	8 104.42	10 174.35	10 446.07	10 878.46	11 931.63	13 913.07	11 387.58	12 074.36	14 576.53
Guangdong	68 654.95	125 042.78	189 713.65	200 549.29	178 380.93	227 817.81	165 724.60	179 987.38	195 053.26
Shenzhen	38 686.94	85 256.20	140 470.95	145 083.43	119 256.11	157 606.98	96 573.38	104 223.95	111 611.32
Guangxi	1 845.97	3 432.95	3 765.45	4 946.50	5 260.15	5 510.37	5 182.24	5 121.88	5 271.14
Hainan	4 893.95	5 008.65	11 155.41	15 180.30	16 985.12	12 445.61	11 978.71	11 880.32	19 517.71
Chongqing	3 908.25	6 365.60	10 466.38	12 028.20	10 424.54	11 026.53	8 938.61	7 899.11	7 436.24
Sichuan	4 659.01	5 847.27	7 609.56	9 093.29	11 665.71	11 777.85	12 729.74	14 667.93	15 847.87
Guizhou	428.94	480.17	498.92	611.55	932.02	848.29	1 007.55	2 047.42	2 208.02
Yunnan	6 026.19	6 815.10	7 557.96	8 356.22	7 530.88	7 935.49	8 311.73	11 845.03	9 389.61
Xizang	314.41	79.75	599.88	1 109.77	1 147.97	1 191.92	1 572.22	1 795.91	1 832.88
Shaanxi	2 855.25	3 611.66	4 220.09	4 914.34	5 525.40	5 426.44	5 021.05	5 209.84	5 178.96
Gansu	3 211.56	4 077.39	4 718.26	5 823.49	6 108.49	6 691.88	6 455.45	6 689.05	7 809.59
Qinghai	222.92	270.27	598.29	607.50	647.13	720.84	531.10	695.50	603.18
Ningxia	1 600.26	2 474.20	2 106.46	2 586.66	4 391.54	3 874.18	3 629.24	6 682.22	6 477.09
Xinjiang	2 965.92	4 005.33	5 055.64	5 314.75	6 384.86	6 349.01	6 424.49	6 609.20	6 673.67
Xinjiang P&C Group	843.91	385.52	474.86	557.49	405.51	292.97	225.35	418.94	367.57
Total	938 204.49	1 180 048.00	1 606 243.48	1 764 370.41	1 944 346.26	2 310 596.71	2 484 799.46	2 450 908.12	2 631 580.25

Annex Table 7   China's Outward FDI Flows into EU Countries, 2015−2023

(Millions of USD)

Country/Region	2015	2016	2017	2018	2019	2020	2021	2022	2023
Ireland	14. 30	331. 93	241. 34	75. 16	64. 28	67. 60	225. 58	104. 16	380. 77
Estonia	—	—	0. 12	53. 22	2. 02	—	—	−0. 14	0. 06
Austria	104. 32	191. 72	412. 19	138. 14	32. 39	74. 81	195. 39	−134. 97	68. 33
Bulgaria	59. 16	−15. 03	88. 87	−1. 68	2. 46	0. 57	0. 25	−5. 94	1. 61
Belgium	23. 46	28. 35	30. 34	5. 63	59. 85	76. 03	111. 60	16. 95	28. 93
Poland	25. 10	−24. 11	−4. 33	117. 83	111. 60	142. 56	29. 41	127. 73	112. 41
Denmark	−24. 16	125. 73	15. 21	30. 48	60. 26	63. 22	15. 78	48. 02	11. 70
Germany	409. 63	2 380. 58	2 715. 85	1 467. 99	1 459. 01	1 375. 60	2 711. 13	1 978. 64	641. 33
France	327. 88	1 499. 57	952. 15	−75. 02	87. 22	147. 79	−151. 67	48. 48	−109. 02
Finland	38. 68	36. 67	23. 47	141. 04	34. 04	40. 66	65. 18	47. 69	88. 90
Netherlands	13 462. 84	1 169. 72	−223. 12	1 038. 34	3 893. 17	4 938. 33	1 703. 93	−1 049. 80	896. 58
Czech Republic	−17. 41	1. 85	72. 95	113. 02	60. 53	52. 79	−25. 39	−13. 02	289. 55
Croatia	—	0. 22	31. 84	22. 39	28. 69	154. 46	15. 15	5. 22	10. 86
Latvia	0. 45	—	0. 08	10. 68	—	5. 64	4. 82	0. 08	1. 46
Lithuania	—	2. 25	—	−4. 47	—	0. 33	0. 20	2. 12	10. 66
Luxembourg	−11 453. 17	1 601. 88	1 353. 40	2 487. 33	685. 87	700. 95	1 499. 32	3 250. 36	2 331. 60
Romania	63. 32	15. 88	15. 86	1. 57	84. 11	13. 10	5. 13	11. 59	98. 79
Malta	5. 03	154. 80	1. 67	10. 11	−1. 18	0. 89	2. 82	−0. 98	3. 14
Portugal	10. 72	11. 37	1. 04	11. 71	18. 55	1. 18	2. 75	1. 44	26. 31
Sweden	317. 19	127. 68	1 290. 26	1 063. 95	1 915. 71	1 929. 99	1 280. 77	1 850. 90	743. 57
Cyprus	1. 76	5. 25	603. 41	113. 90	82. 42	94. 66	32. 28	4. 09	1. 92
Slovakia	—	—	0. 68	14. 62	−0. 53	0. 20	0. 33	0. 01	0. 21
Slovenia	—	21. 86	0. 39	13. 28	26. 84	−132. 94	3. 04	−0. 59	90. 24
Spain	149. 67	125. 41	58. 79	537. 68	114. 91	102. 95	79. 17	71. 88	−2. 57
Greece	−1. 37	29. 39	28. 57	60. 30	0. 57	7. 17	6. 56	−1. 37	4. 56
Hungary	23. 20	57. 46	65. 59	94. 95	123. 15	−4. 15	53. 53	260. 46	410. 76
Italy	91. 01	633. 44	424. 54	297. 61	649. 79	244. 46	−12. 02	277. 55	339. 98
United Kingdom	1 848. 16	1 480. 39	2 066. 30	1 026. 64	1 103. 45	—	—	—	—
Total	**5 479. 78**	**9 994. 26**	**10 267. 48**	**8 866. 38**	**10 699. 17**	**10 098. 83**	**7 855. 05**	**6 900. 58**	**6 482. 64**

Note: The Sum of the Europe Union do not include the UK since 2020.

Annex Table 8 China's Outward FDI Stock into EU Countries，2015−2023

(Millions of USD)

Country/Region	2015	2016	2017	2018	2019	2020	2021	2022	2023
Ireland	248.32	573.77	882.63	972.77	1 074.01	1 517.94	1 745.77	1 676.18	2 038.57
Estonia	3.50	3.50	3.62	56.84	63.33	5.32	5.32	5.18	1.69
Austria	327.99	530.51	851.49	461.63	492.18	675.23	720.06	523.92	572.97
Bulgaria	235.97	166.07	250.46	171.09	156.81	155.84	151.31	142.14	155.25
Belgium	519.53	544.03	479.23	326.41	470.95	500.63	488.20	414.15	353.65
Poland	352.11	321.32	405.52	523.73	555.59	682.31	535.76	645.10	789.42
Denmark	82.17	226.11	228.83	246.53	294.85	353.54	253.93	319.08	321.26
Germany	5 881.76	7 841.75	12 163.20	13 688.61	14 233.99	14 549.58	16 697.49	18 550.56	17 063.52
France	5 723.55	5 116.17	5 702.71	6 598.79	5 954.34	4 860.95	4 863.90	4 814.26	4 622.81
Finland	95.07	211.70	213.07	327.54	340.38	306.62	452.96	721.41	462.78
Netherlands	20 067.13	20 587.74	18 529.00	19 428.99	23 854.82	26 041.29	28 487.51	28 301.70	31 890.27
Czech Republic	224.31	227.77	164.90	279.23	287.49	1 198.43	526.82	319.17	695.18
Croatia	11.82	11.99	39.08	69.08	98.40	252.64	245.53	242.48	370.09
Latvia	0.94	0.94	1.02	11.70	11.63	16.81	21.12	20.64	22.73
Lithuania	12.48	15.29	17.13	12.89	9.81	12.23	7.29	9.23	26.75
Luxembourg	7 739.88	8 776.60	13 936.15	15 388.70	13 902.21	15 995.45	18 130.68	20 554.60	22 868.48
Romania	364.80	391.50	310.07	304.62	428.27	313.16	220.11	220.22	234.69
Malta	10.45	163.64	164.98	230.49	229.32	172.53	32.58	31.40	34.54
Portugal	71.42	87.74	110.23	105.93	58.57	45.78	29.21	25.03	53.31
Sweden	3 381.96	3 553.68	7 307.42	6 896.81	8 578.69	10 601.49	17 032.04	18 674.81	13 457.73
Cyprus	109.15	110.05	718.69	845.43	1 061.47	202.74	131.24	135.46	139.11
Slovakia	127.79	82.77	83.45	99.29	82.74	82.87	4.41	4.33	3.54
Slovenia	5.00	26.86	27.25	40.09	189.60	46.80	50.18	473.49	545.62
Spain	608.01	736.47	692.63	1 060.14	1 110.57	1 109.50	1 136.52	1 185.81	1 693.86
Greece	119.48	48.08	182.22	242.47	231.02	126.29	132.95	125.22	129.07
Hungary	571.11	313.70	327.86	320.69	427.36	341.87	382.32	580.66	1 086.74
Italy	931.97	1 554.84	1 903.79	2 145.35	2 570.17	2 847.81	3 413.16	2 476.26	2 788.76
United Kingdom	16 632.46	17 612.10	20 318.17	19 883.23	17 143.90	—	—	—	—
Total	**64 460.13**	**69 836.69**	**86 014.78**	**90 739.06**	**93 912.49**	**83 015.64**	**95 898.39**	**101 192.50**	**102 422.41**

Note：The Sum of the Europe Union do not include the UK since 2020.

Annex Table 9   China's Outward FDI Flows in ASEAN Countries, 2015—2023

(Millions of USD)

Country/Region	2015	2016	2017	2018	2019	2020	2021	2022	2023
Philippines	−27.59	32.21	108.84	58.82	−4.29	130.43	152.86	270.89	155.99
Cambodia	419.68	625.67	744.24	778.34	746.25	956.42	466.75	632.18	1 377.91
Lao PDR	517.21	327.58	1 219.95	1 241.79	1 149.08	1 454.30	1 282.32	253.43	1 161.53
Malaysia	488.91	1 829.96	1 722.14	1 662.70	1 109.54	1 374.41	1 336.25	1 606.39	1 426.83
Myanmar	331.72	287.69	428.18	−197.24	−41.94	250.80	18.46	61.98	153.39
Thailand	407.24	1 121.69	1 057.59	737.29	1 371.91	1 882.88	1 486.01	1 271.80	2 017.59
Brunei	3.92	142.10	71.36	−15.09	−4.05	16.58	3.75	4.16	6.99
Singapore	10 452.48	3 171.86	6 319.90	6 411.26	4 825.67	5 923.35	8 405.04	8 295.38	13 097.14
Indonesia	1 450.57	1 460.88	1 682.25	1 864.82	2 223.08	2 198.35	4 372.51	4 549.60	3 133.07
Viet Nam	560.17	1 279.04	764.40	1 150.83	1 648.52	1 875.75	2 207.62	1 703.01	2 593.07
Total	**14 604.31**	**10 278.68**	**14 118.85**	**13 693.53**	**13 023.77**	**16 063.27**	**19 731.58**	**18 648.81**	**25 123.51**

Annex Table 10   China's Outward FDI Stock in ASEAN Countries, 2015—2023

(Millions of USD)

Country/Region	2015	2016	2017	2018	2019	2020	2021	2022	2023
Philippines	711.05	718.93	819.60	830.02	664.09	767.13	883.90	1 112.83	1 193.25
Cambodia*	3 675.86	4 368.58	5 448.73	5 973.68	6 463.70	7 038.52	6 965.59	7 444.11	7 967.79
Lao PDR*	4 841.71	5 500.14	6 654.95	8 309.76	8 249.59	10 201.42	9 939.74	9 578.37	10 005.30
Malaysia	2 231.37	3 633.96	4 914.70	8 387.24	7 923.69	10 211.84	10 355.15	12 050.46	13 477.94
Myanmar	4 258.73	4 620.42	5 524.53	4 680.06	4 134.45	3 809.04	3 988.21	3 972.52	3 816.05
Thailand	3 440.12	4 533.48	5 358.47	5 946.70	7 185.85	8 825.55	9 917.21	10 567.78	12 657.43
Brunei	73.52	203.77	220.67	220.45	426.96	388.12	96.28	103.85	112.36
Singapore*	31 984.91	33 445.64	44 568.09	50 093.83	52 636.56	59 857.85	67 202.28	73 449.91	86 446.82
Indonesia*	8 125.14	9 545.54	10 538.80	12 811.28	15 132.55	17 938.83	20 080.48	24 722.06	26 346.26
Viet Nam	3 373.56	4 983.63	4 965.36	5 605.43	7 073.71	8 574.56	10 852.11	11 660.72	13 593.99
Total	**62 715.97**	**71 554.09**	**89 013.90**	**102 858.45**	**109 891.15**	**127 612.85**	**140 280.94**	**154 662.63**	**175 617.18**

Note:" * "The stock for 2023 are recomputed after ajustment of historical data.

后　记

　　《2023 年度中国对外直接投资统计公报》是中华人民共和国商务部、国家统计局、国家外汇管理局依据《对外直接投资统计制度》，通过对中国境内投资者（包括机构和个人）年度对外投资活动统计调查，汇总生成反映中国对外直接投资全貌的年度最终统计结果。公报中涉及的对外直接投资统计标准、原则遵循经济合作与发展组织（OECD）《关于外国直接投资基准定义》(第四版) 有关规定，与全球大多数国家（地区）具有可比性。

　　本公报由张力、贾宁主编，周春林、俞炳彬、韩健担任副主编，陈明霞、胡红、马玉娟、郭智广、杨法皓、刘洋主笔，马萱峰、李林懋、国启明、金锐、张哲、张爽、丛思雨、邱实等参与基础数据核查和文字校对等工作，英文翻译由南开大学葛顺奇、赵灏鑫等协助完成，在此一并致谢。